할 수 있다!

캡컷으로 영상 편집하기 New

이 책의 구성

02 캡컷(CapCut) 시작하기

- 캡컷 앱 설치하기
- 캡컷 로그인 & 로그아웃하기
- 캡컷 앱 환경 설정하기
- 캡컷 홈 화면 살펴보기
- 편집 공간 살펴보기
- 템플릿을 활용한 영상 편집하기

미/리/보/기

이번 장에서는 영상 편집 앱인 '캡컷'을 설치한 후 캡컷에 로그인·로그아웃하는 방법을 살펴보겠습니다. 이어서 캡컷의 홈 화면과 편집 공간을 둘러보며 기본 사용법과 주요 편집 도구의 특징을 알아보고, 템플릿을 활용해 간단하게 영상을 만드는 방법도 함께 알아봅니다.

22

학습 포인트

이번 장에서 학습할 핵심 내용을 소개합니다.

미리보기

학습 결과물을 미리 살펴봅니다.

예제 따라 하기

실생활에서 활용할 수 있는 예제를 순서대로 따라 할 수 있도록 구성하여 누구나 쉽게 이해하고 기능을 습득할 수 있습니다.

예제 다운로드 QR 코드

스캔하면 예제에 사용된 동영상과 사진 파일을 다운로드할 수 있는 사이트로 이동합니다.

03 크로마키 사진을 활용해 배경 꾸미기

▸ 크로마키 사진 다운로드하고 배경 제거하기

01 크로마키 사진은 합성을 위해 그린 스크린 앞에서 촬영한 사진을 의미합니다. [Google( )] 앱을 실행합니다. 검색창에 '픽셀스'를 검색하고 상단의 링크를 터치합니다. 픽셀스에서 '그린 스크린'을 검색한 후 [무료 다운로드] 버튼을 터치해 마음에 드는 사진을 다운로드합니다.

02 [캡컷( )] 앱을 실행하고 [+ 새 동영상] 버튼을 터치하여 크로마키 사진을 불러온 후 [편집( )]을 터치합니다. 도구 패널을 왼쪽으로 드래그하고 [배경 제거( )]를 터치합니다. [크로마키( )]를 선택합니다.

110

잠깐

본문에서 다루지 못한 내용이나
알아두면 유용한 내용을 설명합니다.

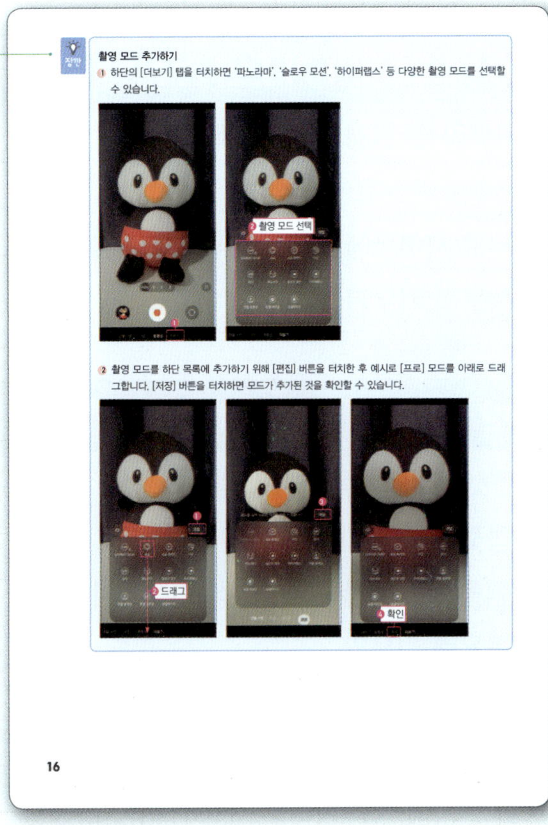
촬영 모드 추가하기

① 하단의 [더보기] 탭을 터치하면 '파노라마', '슬로우 모션', '하이퍼랩스' 등 다양한 촬영 모드를 선택할 수 있습니다.

② 촬영 모드를 하단 목록에 추가하기 위해 [편집] 버튼을 터치한 후 예시로 [프로] 모드를 아래로 드래그합니다. [저장] 버튼을 터치하면 모드가 추가된 것을 확인할 수 있습니다.

16

참고

본 도서는 안드로이드 15 버전의 삼성 스마트폰과 캡컷 15.8.0 버전을 기준으로 작성되었습니다. 스마트폰의 운영 체제나 캡컷의 버전에 따라 메뉴 구성, 기능, 실습 과정이 일부 다를 수 있습니다.

응용력 키우기

01 새 프로젝트를 불러와 [오디오( )]-[사운드( )]에서 상단의 목록을 왼쪽으로 드래그해 [Piano] 카테고리의 음악을 추가한 후, [희미하게( )]에서 '페이드 인/아웃'을 적용해 봅니다.

02 [픽사베이( )] 앱을 실행해 '요리'를 검색한 후 원하는 음악을 다운로드합니다. [캡컷( )] 앱을 실행한 후 새 프로젝트에 다운로드한 음원 파일을 추가해 봅니다.

힌트 [오디오( )]-[사운드( )]를 선택한 후 [ ] 탭의 [장치( )]에서 음원 파일을 선택합니다. 오른쪽의 [ ] 버튼을 터치하면 음원 파일을 추가할 수 있습니다.

84

응용력 키우기

응용문제를 통해 본문에서 학습한
내용을 정리하고 복습합니다.

힌트

응용문제를 푸는 데 필요한 정보
또는 방법을 안내합니다.

이 책의 목차

01 촬영의 기초와 편집할 영상 준비하기

- 카메라 앱 환경 설정하기
- 카메라 앱 핵심 기능 살펴보기
- 사진 촬영하기
- 동영상 촬영하기
- 편집할 영상 다운로드하기

미/리/보/기

이번 장에서는 카메라 앱의 환경 설정 방법과 핵심 기능을 하나씩 살펴보겠습니다. 사진과 동영상을 촬영하기 위한 기본 과정을 학습하고, 실습에 사용할 영상을 함께 다운로드해 봅니다.

01 카메라 앱 환경 설정 및 핵심 기능 살펴보기

▸ 카메라 앱 환경 설정하기

01 [카메라( )] 앱을 터치하여 실행합니다. 카메라 앱의 홈 화면이 나타나면 오른쪽 하단의 [퀵 컨트롤( )]을 터치합니다. 먼저 카메라 앱의 환경을 설정하기 위해 [설정으로 이동( )]을 터치합니다.

02 '카메라 설정' 화면을 위로 스크롤한 후 [일반]–[촬영가이드]를 터치합니다. [사용 안 함]을 터치하여 [사용 중]으로 활성화하고, '격자선 및 수직/수평계'를 선택합니다. 화면에 보이지 않았던 9등분의 실선이 나타나 수직·수평에 맞춰 사진이나 동영상을 촬영할 수 있습니다.

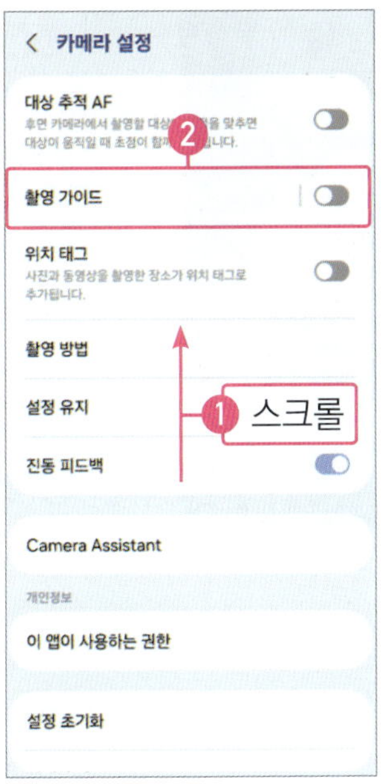

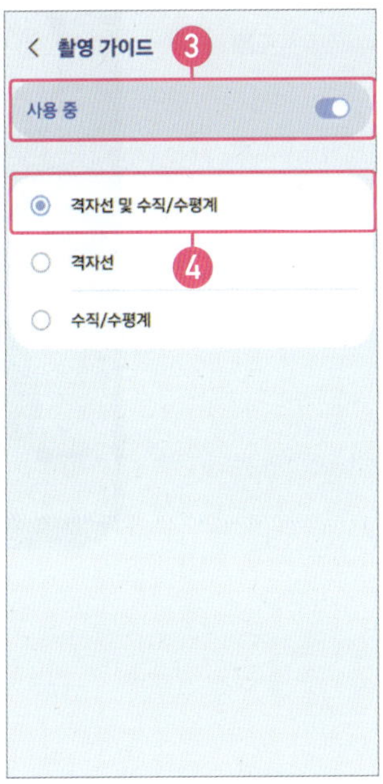

03 '촬영 가이드' 화면 왼쪽 상단의 〈 아이콘을 터치합니다. '카메라 설정' 화면을 아래로 스크롤한 후 [동영상]–[동영상 손떨림 보정]을 터치하여 활성화합니다. 이렇게 하면 동영상을 촬영할 때 화면의 흔들림을 최소화할 수 있습니다.

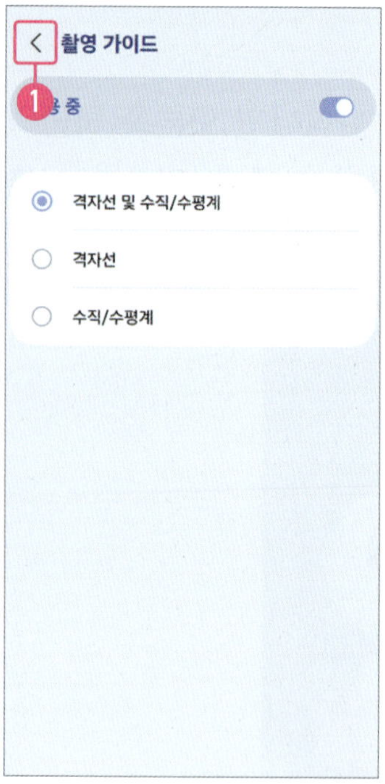

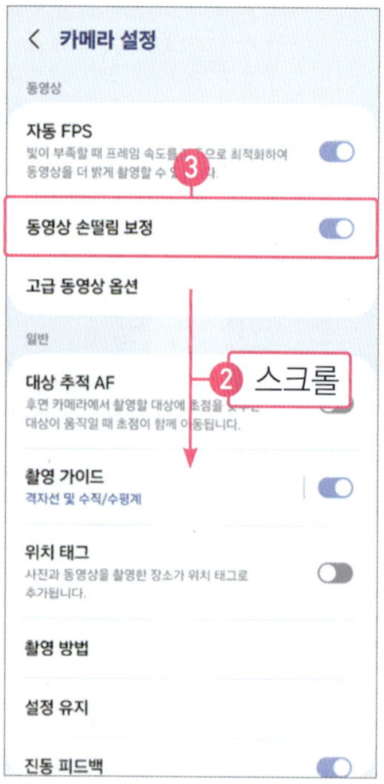

04 이어서 촬영 방법을 설정하기 위해 [일반]–[촬영 방법]을 터치합니다. 스마트폰의 기본 촬영 방법은 '음량 버튼 누르기'로 설정되어 있습니다. 스마트폰 측면에 있는 음량 버튼을 누르면 사진이나 동영상 촬영이 가능합니다.

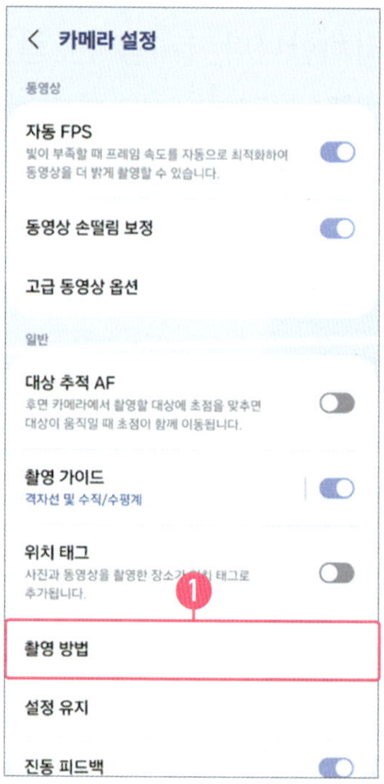

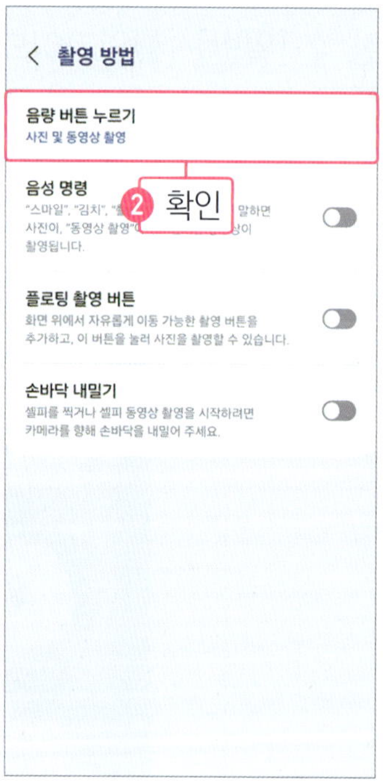

05 [음성 명령]을 터치하여 활성화합니다. "스마일", "김치", "촬영", "찰칵"과 같은 음성 명령을 통해 간편하게 사진을 찍을 수 있습니다. "동영상 촬영"이라고 말하면 동영상이 촬영됩니다.

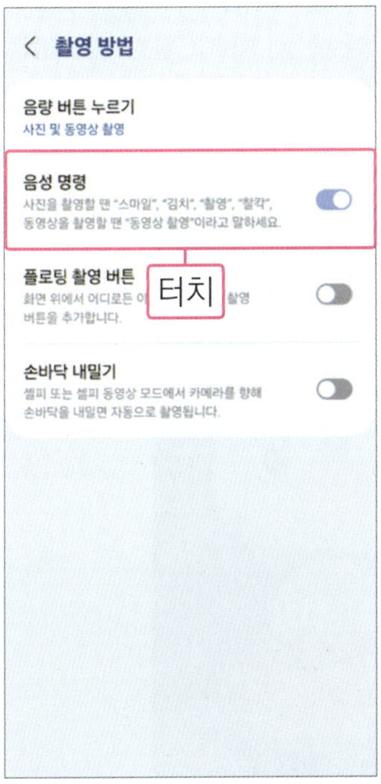

▲ 사진 촬영일 때

▲ 동영상 촬영일 때

06 [손바닥 내밀기]를 터치하여 활성화합니다. 전면 카메라로 전환한 상태에서 카메라를 향해 손바닥을 내밀면 사진이나 동영상을 촬영할 수 있습니다.

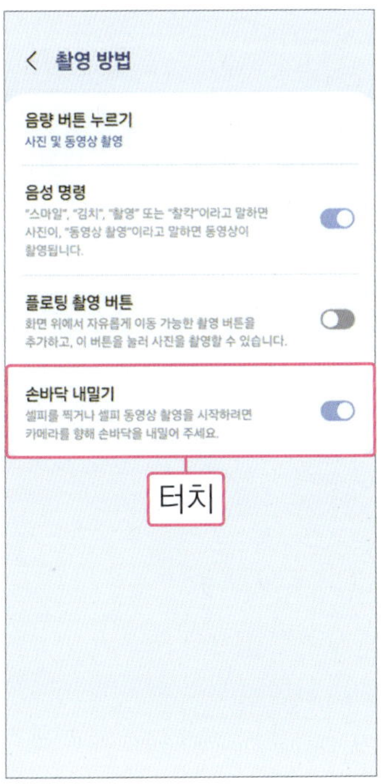

▲ 전면 카메라일 때

> **잠깐**
>
> **카메라 화면 전환하기**
>
> 후면 카메라인 상태에서 [전면 카메라로 전환( )]을 터치하면 카메라의 화면이 전환됩니다. 반대로 전면 카메라인 상태에서 [후면 카메라로 전환( )]을 터치하면 후면 카메라로 전환됩니다.

▶ 플래시 기능 살펴보기

01 카메라 앱의 홈 화면으로 돌아옵니다. 이번에는 어두운 곳에서 밝게 촬영할 수 있도록 도와주는 플래시 기능을 살펴보겠습니다. 상단의 [플래시 끄기 아이콘] 아이콘을 터치합니다. 가장 오른쪽에 있는 [플래시 켜기 아이콘] 아이콘을 터치한 후 ◯ 버튼을 터치하면 플래시가 터지면서 사진이 촬영됩니다. 촬영을 마친 후 [플래시 끄기 아이콘] 아이콘을 터치하여 플래시를 끕니다.

▲ 플래시를 터뜨려 촬영한 사진

> **잠깐**
>
> **플래시 아이콘 종류 알아보기**
>
> • [플래시 끄기 아이콘] **(플래시 끄기)** 사진이나 동영상을 촬영할 때 플래시를 끕니다.
>
> • [자동 플래시 아이콘] **(자동 플래시)** 사진이나 동영상을 촬영할 때 주변이 어둡다고 인식되면 자동으로 플래시가 켜지고, 밝다고 인식되면 자동으로 플래시가 꺼집니다.
>
> • [플래시 켜기 아이콘] **(플래시 켜기)** 사진이나 동영상을 촬영할 때 플래시가 항상 켜져 있습니다.

▶ 타이머 기능 살펴보기

01 셀프 카메라를 찍거나, 단체 사진을 찍을 때 타이머를 설정해 두면 시간 간격을 두고 여유롭게 촬영할 수 있습니다. 타이머를 설정하기 위해 [퀵 컨트롤( )]-[타이머( )]를 터치합니다. [2초], [5초], [10초] 중에서 원하는 시간을 선택하여 타이머를 설정한 후 ◯ 버튼을 터치합니다.

02 화면 상단에 타이머 시간이 표시되고 시간이 지나면 자동으로 사진이 촬영됩니다. 타이머를 해제하고 싶으면 다시 [타이머( )]를 터치합니다.

▲ 타이머 '2초'일 때

▲ 타이머 '5초'일 때

▸ 촬영 비율 설정하기

01 이번에는 촬영 비율을 설정해 보겠습니다. **[9:16]을 터치한 후** [3:4], [9:16], [1:1] 중에서 **원하는 비율을 선택합니다.** '9:16' 비율은 풍경이나 큰 건축물을 촬영하기에 적합하며, '3:4' 비율은 카메라 앱의 기본 설정값입니다. '1:1' 비율은 소셜 미디어에 올릴 사진이나 프로필 사진을 찍을 때 많이 사용합니다.

▲ 9:16 비율

▲ 3:4 비율

▲ 1:1 비율

> **잠깐**
>
> **스마트폰을 회전하면 촬영 비율이 달라져요!**
>
> '9:16' 비율에서 스마트폰을 가로로 회전하면 '16:9' 비율로 변경되고, '3:4' 비율에서 스마트폰을 가로로 회전하면 '4:3' 비율로 변경됩니다.

▲ 스마트폰이 세로 방향일 때

▲ 스마트폰이 가로 방향일 때

02 스마트폰으로 촬영하기

▸ 사진 촬영하기

01 오른쪽 상단의 [필터(필터 아이콘)]를 터치합니다. 하단의 필터 메뉴에서 마음에 드는 필터를 선택한 후 ○ 버튼을 터치해 사진을 촬영해 봅니다. 필터 메뉴 상단의 '강도', '색 온도', '대비' 등의 조절바를 드래그하면 필터를 조정할 수 있습니다.

잠깐

필터 다운로드하는 방법

하단의 필터 메뉴를 왼쪽으로 끝까지 드래그한 후 ⬇ 버튼을 터치하면 더 다양한 필터를 다운로드할 수 있습니다. '카메라 특수 효과' 화면에서 마음에 드는 필터의 ⬇ 버튼을 터치합니다. 이때 유료 필터를 다운로드하면 스마트폰에서 소액결제가 진행되므로 주의합니다.

▲ '카메라 특수 효과' 화면

02 오른쪽 하단의 [전면 카메라로 전환(◎)]을 터치해 카메라의 화면을 전환합니다.

03 얼굴을 보정하기 위해 오른쪽 상단의 [얼굴(☺)]을 터치합니다. ⓐ 피부의 잡티를 제거해 주는 [부드럽게(●)], ⓑ 피부의 밝기를 조정하는 [톤(●)], ⓒ 얼굴의 윤곽을 조정하는 [턱선(●)], ⓓ 눈의 크기를 조정하는 [눈(◎)]을 각각 적용해 봅니다. 필터와 마찬가지로 하단의 조절바를 드래그해 보정 강도를 조정할 수 있습니다.

▸ 동영상 촬영하기

01 이번에는 동영상을 촬영하기 위해 하단의 [동영상] 탭을 터치합니다. ◉ 버튼을 터치하면 동영상이 촬영되고, [녹화 중지(■)]를 터치하면 촬영이 종료됩니다.

02 '9:16' 비율에서 동영상을 촬영할 때에는 화질을 설정할 수 있습니다. 영상은 작은 점(픽셀)으로 구성되어 있습니다. 픽셀이 많을수록 화면이 선명하게 보이며, 화질은 'HD 〈 FHD 〈 UHD' 순으로 또렷해집니다. 오른쪽 상단의 [동영상 크기(FHD 30)]를 터치한 후 해상도를 선택해 봅니다.

잠깐

용어 설명

- UHD(Ultra High Definition): '3840x2160' 크기의 초고화질 해상도로 용량이 큽니다.
- FHD(Full High Definition): '1920x1080' 크기의 HD보다 선명한 화질의 해상도입니다.
- HD(High Definition): '1280x720' 크기의 고화질 해상도입니다.
- FPS(Frames Per Second): 프레임이 표시되는 속도를 의미합니다. 숫자가 클수록 영상이 끊기지 않고 부드럽게 재생됩니다.

잠깐

촬영 모드 추가하기

① 하단의 [더보기] 탭을 터치하면 '파노라마', '슬로우 모션', '하이퍼랩스' 등 다양한 촬영 모드를 선택할 수 있습니다.

② 촬영 모드를 하단 목록에 추가하기 위해 [편집] 버튼을 터치한 후 예시로 [프로] 모드를 아래로 드래그합니다. [저장] 버튼을 터치하면 모드가 추가된 것을 확인할 수 있습니다.

03 무료 사이트에서 편집할 영상 다운로드하기

01 직접 촬영하는 것이 어려운 경우에는 무료 사이트를 활용할 수 있습니다. 예제에서 사용할 영상을 다운로드하기 위해 [Google(G)] 앱을 실행합니다. 검색창에 '픽셀스'를 검색하고 상단의 링크를 터치합니다.

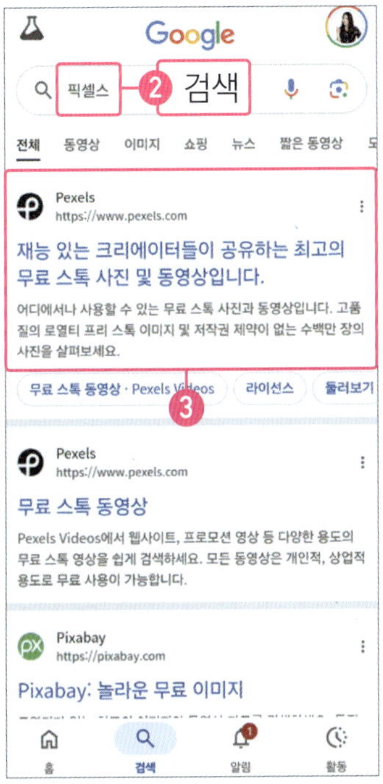

잠깐

픽셀스(Pexels)란?

픽셀스(Pexels)는 사진이나 동영상을 무료로 다운로드할 수 있는 사이트입니다. 정기적으로 업데이트를 진행하기 때문에 학습 시점의 화면과 교재의 이미지가 다를 수 있습니다.

02 픽셀스 홈 화면에서 검색창의 [버튼] 버튼을 터치한 후 [동영상(▶)]을 선택합니다. '토마토'를 입력하고 🔍 아이콘을 터치해 검색합니다. 검색 결과 화면이 나타나면 오른쪽 하단의 [필터] 버튼을 터치합니다.

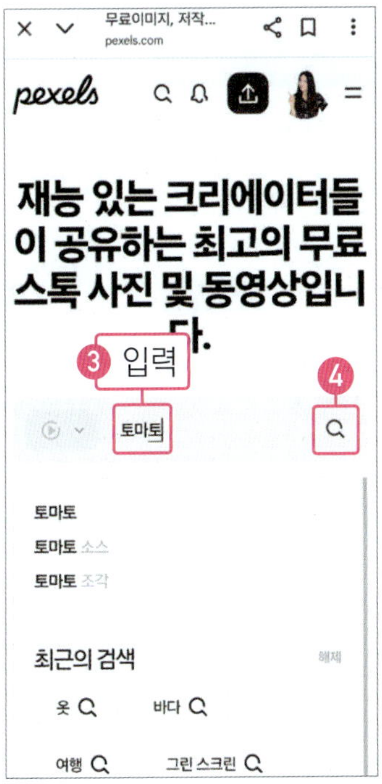

03 필터 메뉴에서 영상의 '방향', '길이', '프레임 속도' 등을 설정할 수 있습니다. '16:9' 비율의 영상을 다운로드하기 위해 [수평(□)]을 선택하고 오른쪽 상단의 ← 버튼을 터치합니다.

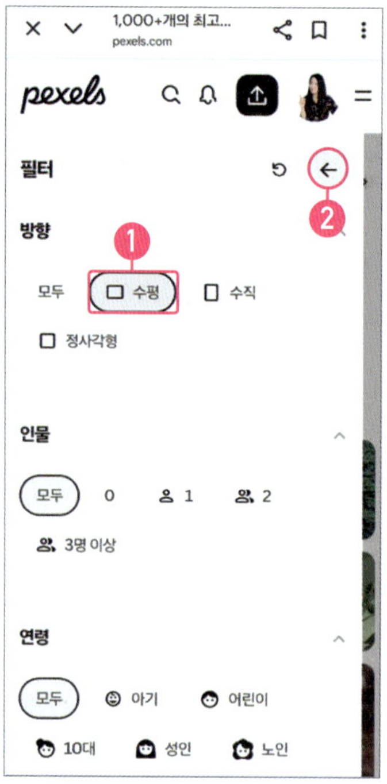

잠깐

'방향' 비율 알아보기

[수평(□)]은 '16:9'의 가로 화면 비율, [수직(▯)]은 '9:16'의 세로 화면 비율, [정사각형(□)]은 '1:1'의 정사각형 비율을 의미합니다.

04 마음에 드는 영상을 선택합니다. 미리보기 화면에서 영상을 확인한 후 오른쪽 상단의 [무료 다운로드] 버튼을 터치해 영상을 다운로드합니다.

영상 다운로드

잠깐

QR 코드 스캔하기

카메라 앱(◉)을 실행해 QR 코드를 스캔한 후 화면에 뜨는 링크를 터치하면 예제와 동일한 영상을 다운로드할 수 있습니다.

05 이번에는 검색창에 '토마토 요리'를 입력하고 🔍 아이콘을 터치한 후 마음에 드는 영상을 선택합니다. 미리보기 화면에서 영상을 확인한 후 오른쪽 상단의 [무료 다운로드] 버튼을 터치해 영상을 다운로드합니다.

영상 다운로드

06 마지막으로 검색창에 '음식'을 입력하고 🔍 아이콘을 터치한 후 마음에 드는 영상을 선택합니다. 미리보기 화면에서 영상을 확인한 후 오른쪽 상단의 [무료 다운로드] 버튼을 터치해 영상을 다운로드합니다.

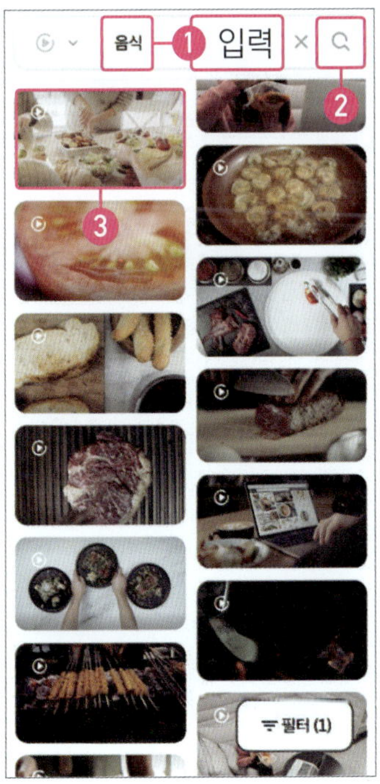

영상 다운로드

잠깐

픽셀스에서 다운로드한 파일의 저작권 알아보기

픽셀스에서 다운로드한 사진이나 동영상을 상업적으로 사용할 때에는 출처를 명시하는 것이 좋습니다. 유튜브에 업로드할 경우 설명란에 출처를 함께 표기해 주세요.

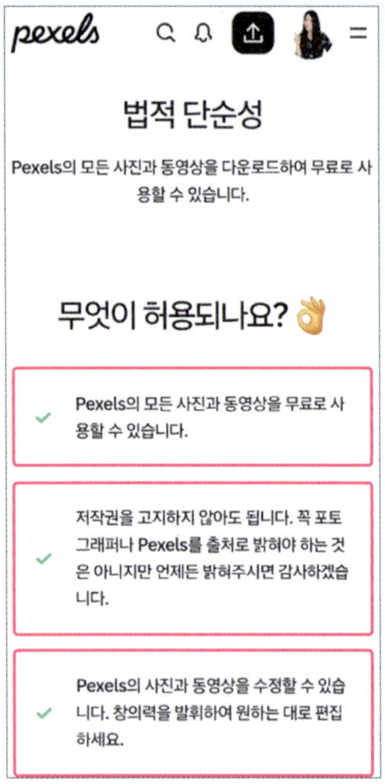

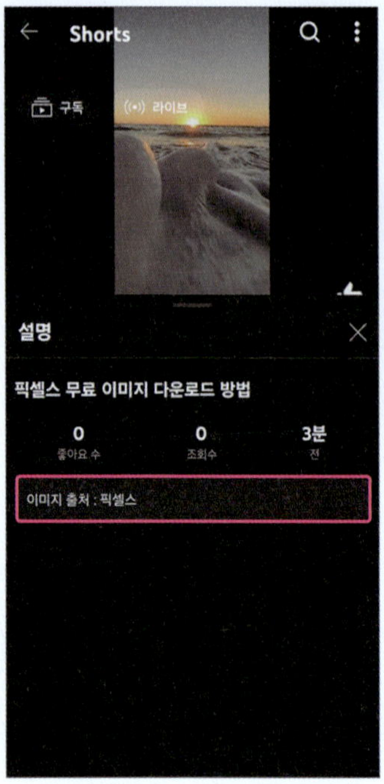

07 [갤러리(❀)] 앱을 터치하여 실행한 후 픽셀스에서 다운로드한 영상을 확인합니다.

응용력 키우기

01 픽셀스에서 '여행'을 검색한 후 [필터]-[수평(□)]을 선택하고 마음에 드는 영상을 다운로드해 봅니다.

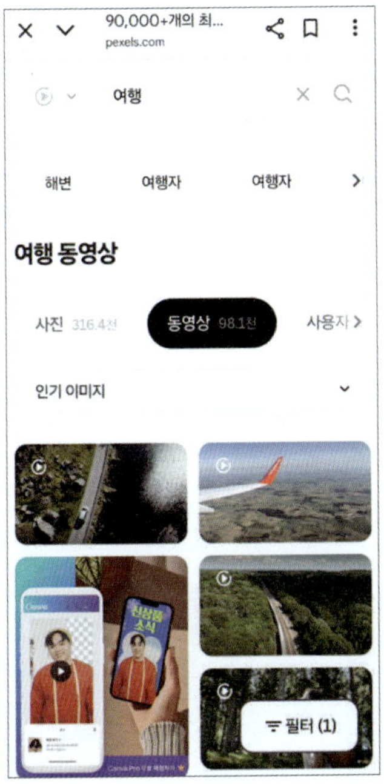

02 이어서 '꽃'을 검색한 후 [필터]-[수직(□)]을 선택하여 마음에 드는 영상을 다운로드해 봅니다.

02 캡컷(CapCut) 시작하기

- 캡컷 앱 설치하기
- 캡컷 로그인 & 로그아웃하기
- 캡컷 앱 환경 설정하기
- 캡컷 홈 화면 살펴보기
- 편집 공간 살펴보기
- 템플릿을 활용한 영상 편집하기

미/리/보/기

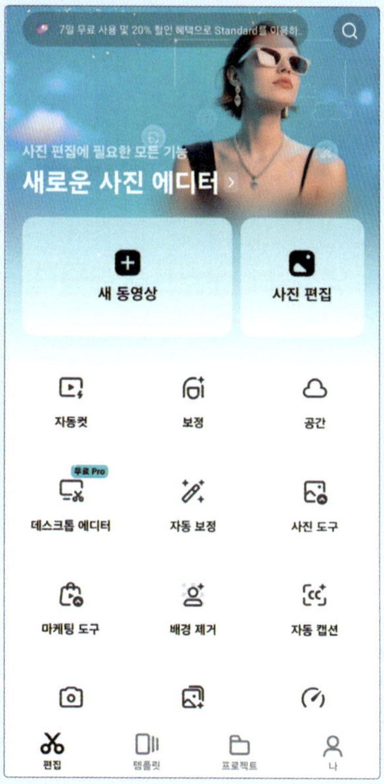

이번 장에서는 영상 편집 앱인 '캡컷'을 설치한 후 캡컷에 로그인·로그아웃하는 방법을 살펴보겠습니다. 이어서 캡컷의 홈 화면과 편집 공간을 둘러보며 기본 사용법과 주요 편집 도구의 특징을 알아보고, 템플릿을 활용해 간단하게 영상을 만드는 방법도 함께 알아봅니다.

01 캡컷 앱 설치 후 환경 설정하기

▶ 캡컷 앱 설치하기

01 [Play 스토어( )] 앱을 실행한 후 하단의 [검색( )]을 터치하고 검색창에 '캡컷'을 검색합니다. 관련 앱 목록이 나타나면 'CapCut – 동영상 편집 어플'의 [설치] 버튼을 터치하여 설치를 진행합니다. [열기] 버튼을 터치해 앱을 실행합니다.

잠깐

홈 화면이나 앱스 화면에서 [캡컷( )] 앱을 터치하면 앱을 실행할 수 있습니다.

02 '서비스 약관 및 개인정보 보호정책' 창의 [동의 및 계속] 버튼을 터치합니다. 피드백을 위한 질문 화면이 나타나면 오른쪽 상단의 [건너뛰기]를 터치합니다.

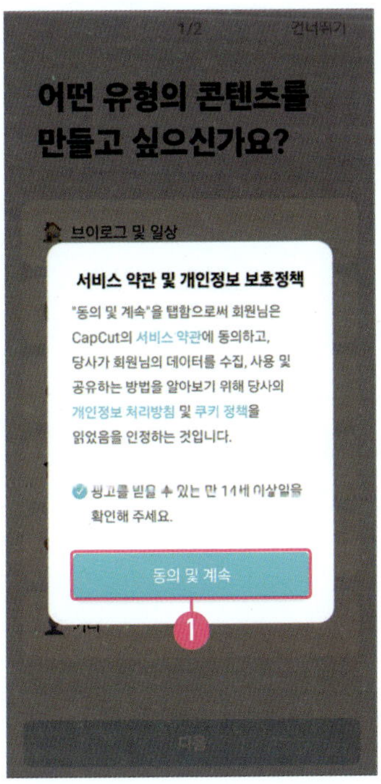

잠깐

캡컷은 사용자의 성향에 맞춰 피드백을 하기 위해 앱을 시작하기 전 몇 가지 설문조사를 진행합니다. 피드백을 받고 싶다면 설문조사를 진행해도 좋습니다.

▶ 캡컷 로그인 & 로그아웃하기

01 '인기 템플릿' 팝업창의 [X] 아이콘을 터치해 창을 닫아 줍니다. 오른쪽 하단의 [나(👤)]를 터치하고 상단의 [탭하여 로그인]을 선택합니다.

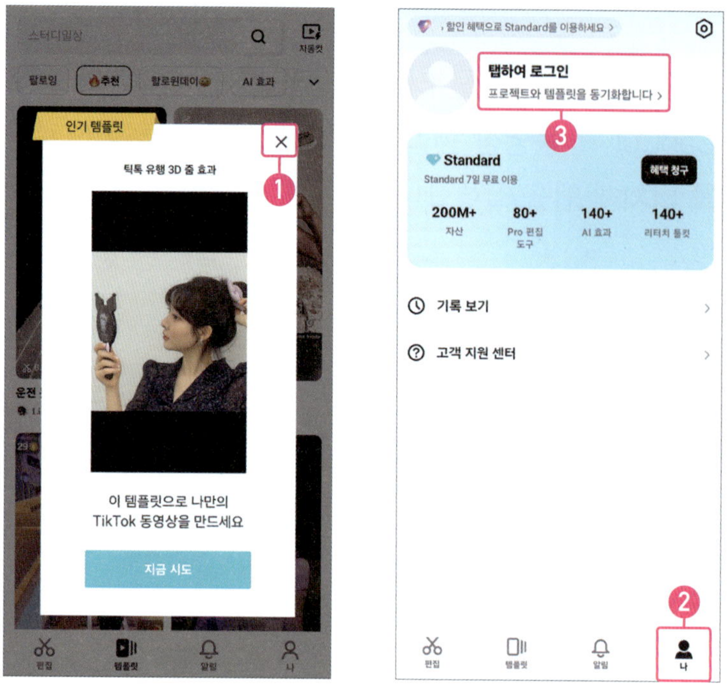

> **잠깐**
> 상단의 [Standard 7일 무료 이용]을 터치하면, 캡컷의 고급 기능과 프리미엄 템플릿을 7일간 무료로 체험할 수 있는 요금제가 활성화됩니다.

02 안드로이드폰은 구글 계정에 동기화되어 있기 때문에 네 가지 로그인 방법 중 [Google로 로그인하기] 버튼을 터치합니다. 앱에서 사용할 구글 계정을 선택합니다. 생년월일을 질문하는 화면에서 생년월일을 설정한 후 [계속] 버튼을 터치합니다. 로그인 과정을 마치면 프로필 화면이 나타납니다.

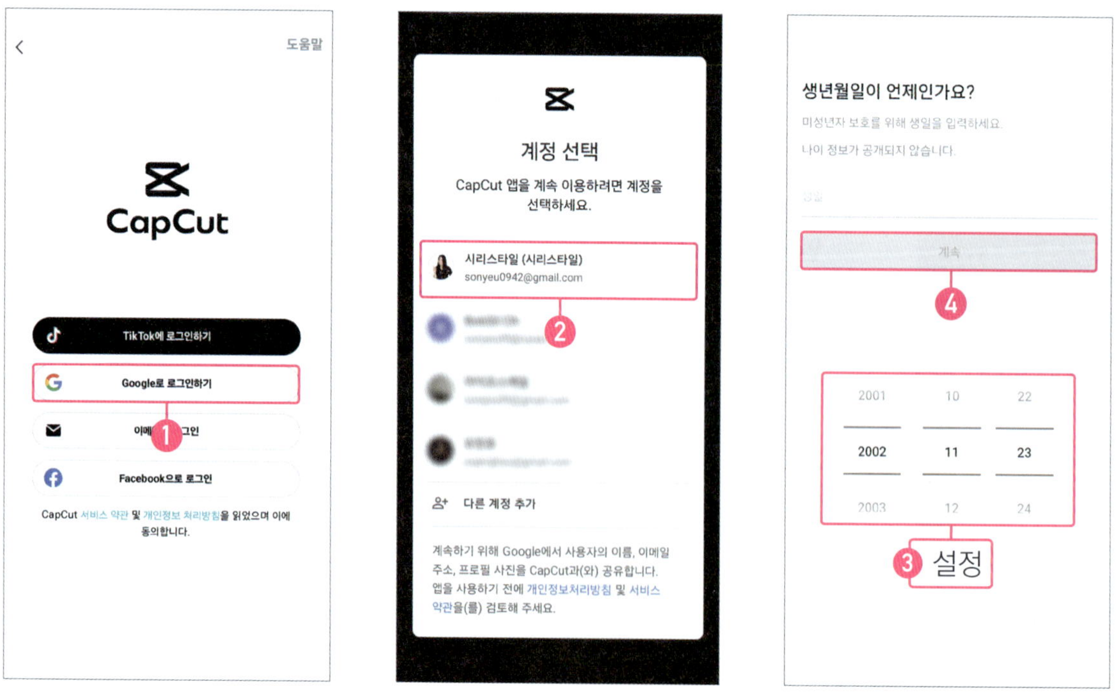

잠깐

틱톡(TikTok) 계정으로 로그인하기

만약 틱톡(♪) 앱에 로그인되어 있다면 [TikTok에 로그인하기] 버튼을 터치합니다. 틱톡과 캡컷 앱은 모두 ByteDance 회사의 플랫폼이기 때문에 하나의 계정으로 두 가지 앱을 연동하여 로그인할 수 있습니다.

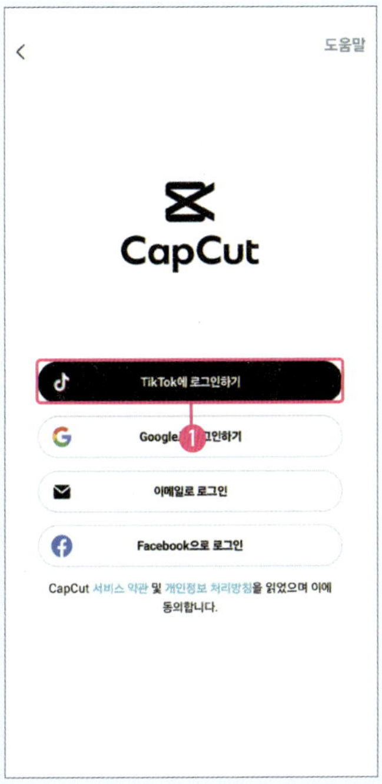

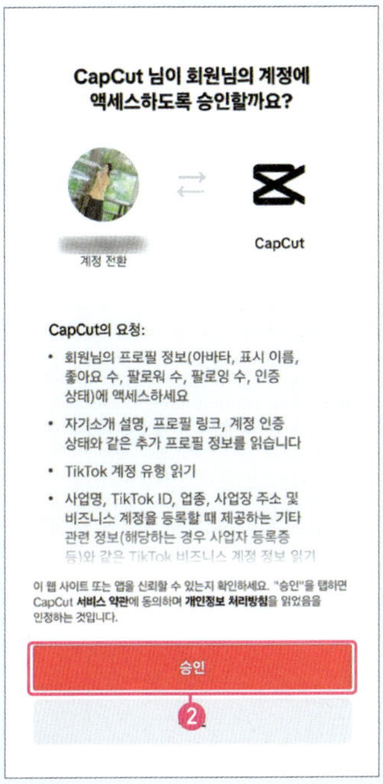

03 다른 계정으로 로그인하기 위해 현재 계정에서 로그아웃하고 싶다면 오른쪽 상단의 ⚙ 아이콘을 터치합니다. '설정' 화면을 위로 스크롤한 후 하단의 [로그아웃] 버튼을 터치하면 현재 계정에서 로그아웃할 수 있습니다. 예제에서는 로그인 상태를 유지합니다.

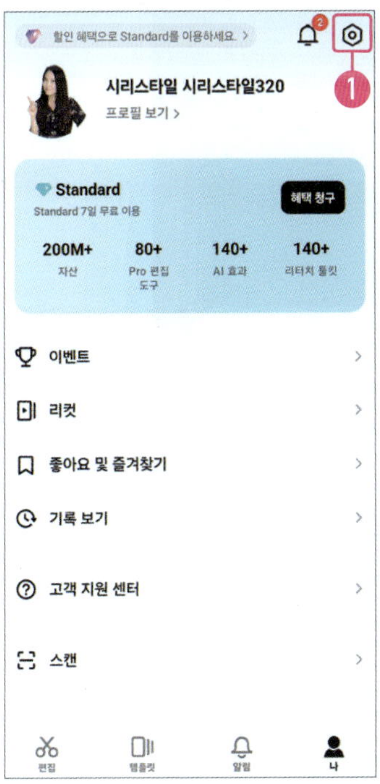

▶ 캡컷 앱 환경 설정하기

01 이어서 캡컷 앱의 언어를 설정하기 위해 '설정' 화면을 아래로 스크롤한 후 [앱 언어]를 터치합니다. '앱 언어' 화면을 위로 스크롤한 후 [한국어]를 선택합니다. 캡컷 앱의 모든 메뉴가 한국어로 변경됩니다

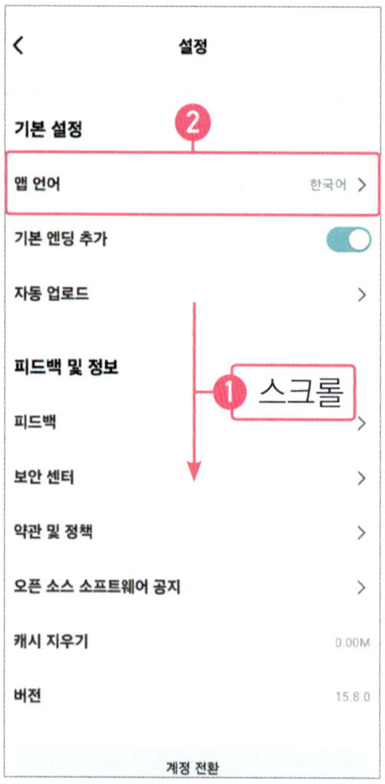

02 '앱 언어' 화면 왼쪽 상단의 < 아이콘을 터치합니다. '설정' 화면의 [기본 엔딩 추가]를 터치하여 비활성화합니다. 엔딩의 삭제 여부를 묻는 창의 [삭제] 버튼을 터치합니다. 이렇게 하면 편집한 영상 끝에 캡컷 로고(≋)가 나타나지 않습니다.

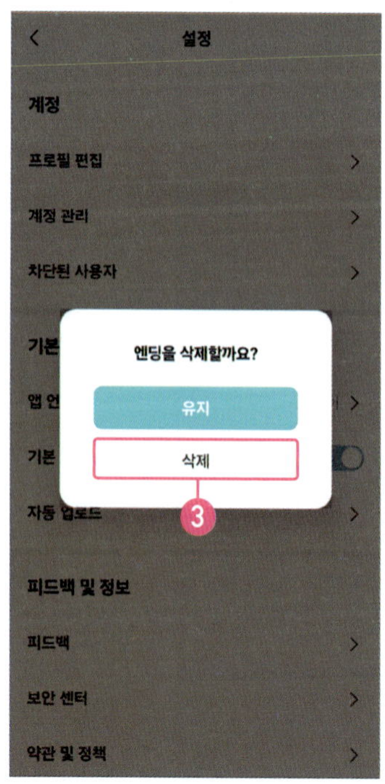

잠깐

고객 지원 센터 살펴보기

1 캡컷에서 영상 편집을 하다가 궁금한 점이 생기면 [고객 지원 센터(?)]를 터치합니다. '고객 지원 센터' 화면이 나타나면 '인기', '편집', '템플릿' 등의 주제별로 정리된 질문을 확인할 수 있습니다.

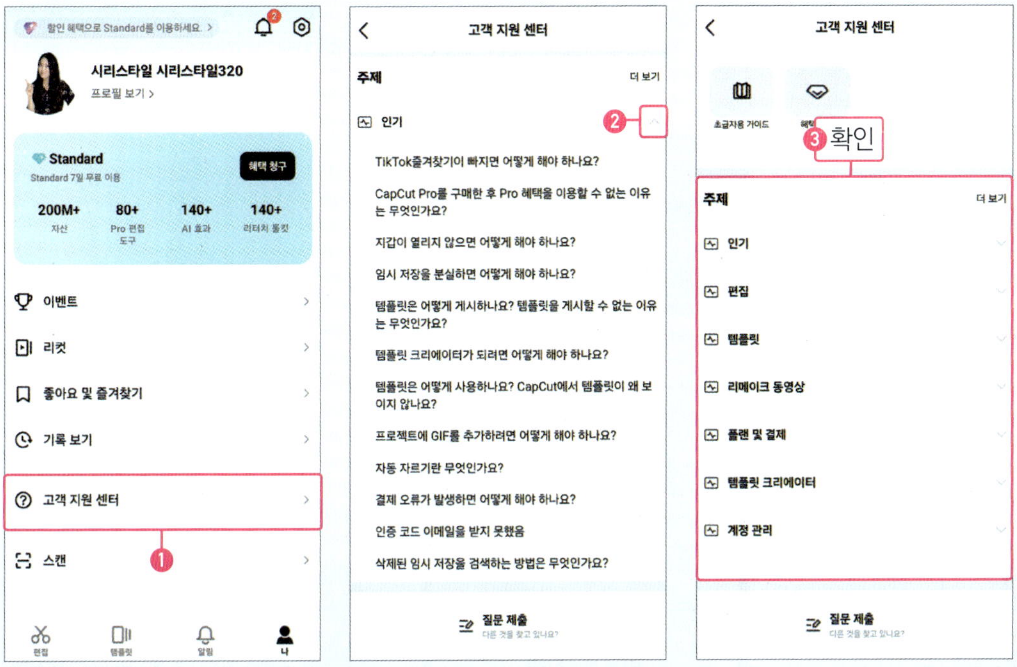

2 '고객 지원 센터' 화면 상단의 [초급자용 가이드(📖)]를 터치하면 캡컷 앱의 사용법을 설명하는 튜토리얼 영상을 시청할 수 있습니다.

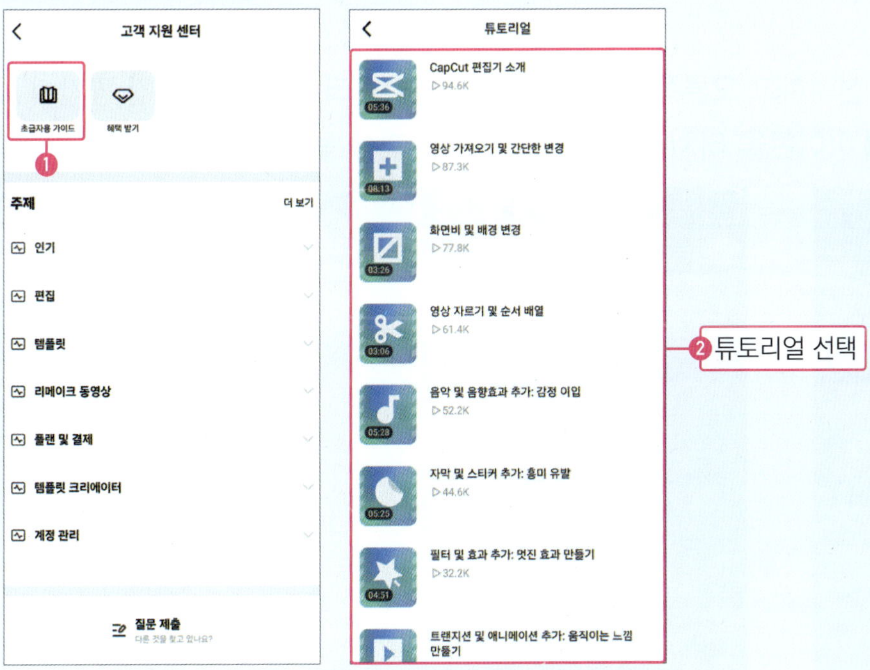

▸ 실습 환경 동일하게 설정하기

01 캡컷은 로그인 계정 또는 기기 환경에 따라 화면이 달라집니다. 교재와 동일하게 화면을 맞추는 방법을 알아보겠습니다. 먼저 하단의 [편집(✂)]을 터치하고 [+ 새 동영상] 버튼을 터치합니다. 액세스 허용 여부를 묻는 창의 [모두 허용]을 터치하고 알림 팝업창의 [취소] 버튼을 선택합니다.

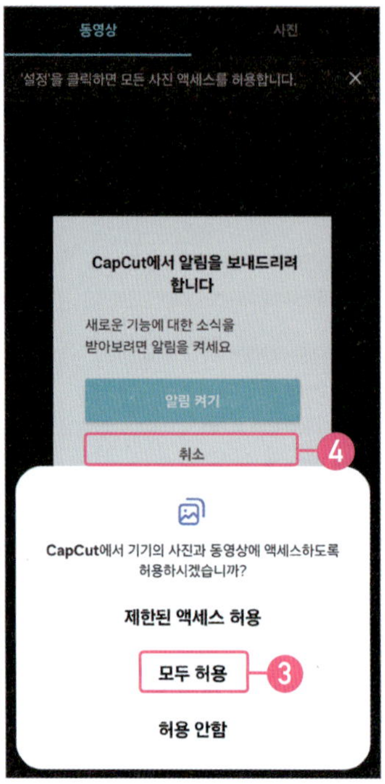

> **잠깐**
> 교재에서는 캡컷 앱 15.8.0 버전을 기준으로 작업합니다. 버전 업데이트에 따라 실습 환경이나 과정이 교재와 다를 수 있습니다.

02 동영상 하나를 선택하고 오른쪽 하단의 [추가] 버튼을 터치합니다. 편집 공간이 나타나면 왼쪽 상단의 ☒ 아이콘을 터치해 프로젝트 화면을 닫아 줍니다.

03 프로젝트가 생성되어 있습니다. 프로젝트의 ⋮ 아이콘을 터치합니다. [삭제(🗑)]를 터치하고 삭제 여부를 묻는 창의 [삭제] 버튼을 터치하면 프로젝트가 삭제됩니다.

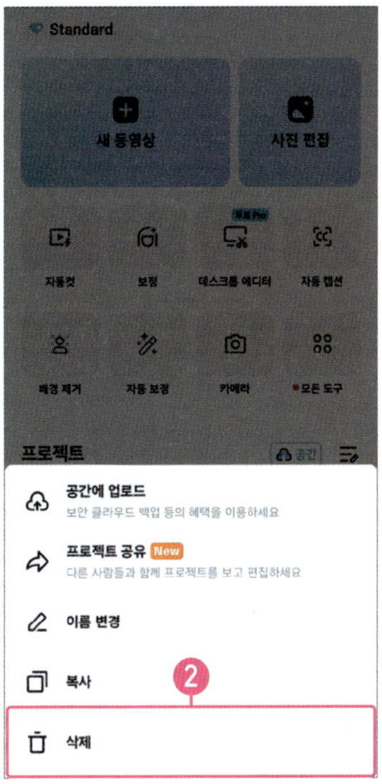

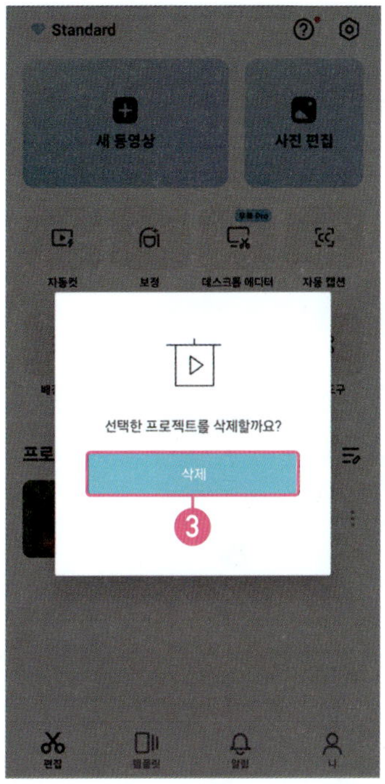

04 캡컷 앱(✂)을 완전히 종료한 후 다시 실행하는 과정을 3~4회 반복합니다. 알림 허용 창이 나타나면 [허용 안함]을 터치합니다. 이후 [편집(✂)] 화면의 메뉴 구성이 변경되고, [알림(🔔)]이 [프로젝트(🗀)]로 바뀐 것을 확인할 수 있습니다.

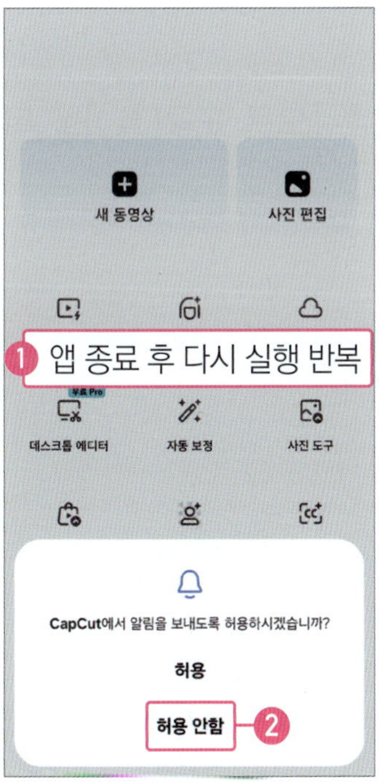

> **잠깐**
>
> 실습 환경을 동일하게 설정하더라도 사용하는 기기의 화면 비율에 따라 메뉴의 위치가 교재와 다르게 보일 수 있습니다. 이 경우 기능 자체는 동일하므로, 동일한 아이콘 또는 메뉴 이름을 기준으로 작업을 진행합니다.

02 캡컷 홈 화면과 편집 공간 살펴보기

▶ 캡컷 홈 화면 살펴보기

01 캡컷 홈 화면은 ⓐ [+ 새 동영상] 및 [사진 편집] 버튼, ⓑ 도구 패널, ⓒ 편집 메뉴로 나눌 수 있습니다.

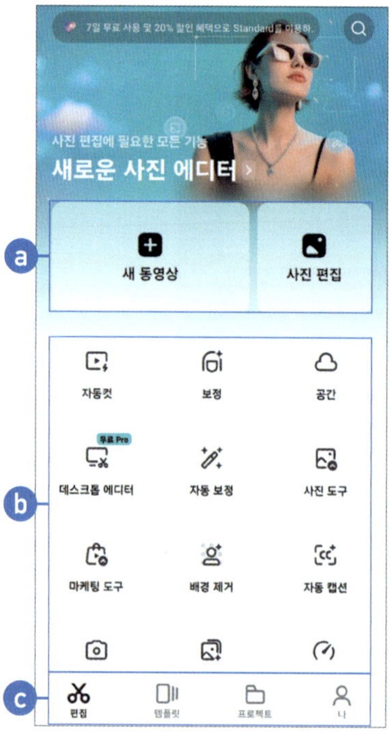

잠깐

프로젝트 목록 생성 위치

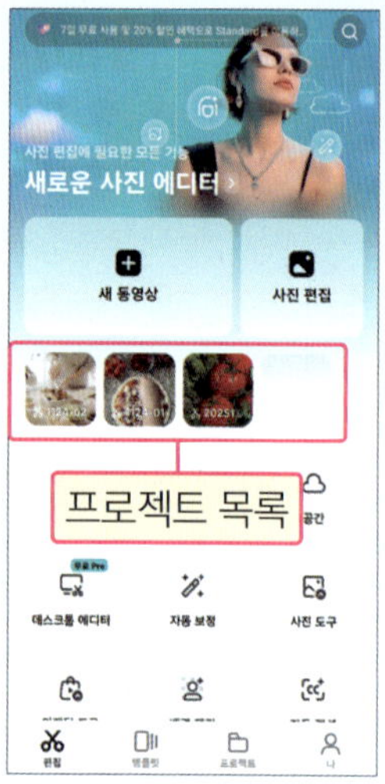

프로젝트 목록은 [+ 새 동영상] 버튼과 [사진 편집] 버튼 아래에 생성되며, 최신 작업을 기준으로 정렬됩니다.

02 모든 도구를 살펴보기 위해 도구 패널을 위로 스크롤하여 펼친 후 [모든 도구(88)]를 터치합니다.

잠깐

캡컷의 편집 도구는 앱의 업데이트에 따라 무료 또는 유료로 전환될 수 있으며, 스마트폰의 운영 체제와 캡컷의 버전에 따라 아이콘의 모양과 배치가 교재와 다를 수 있습니다.

03 모든 편집 도구의 특징을 간단히 살펴보겠습니다.

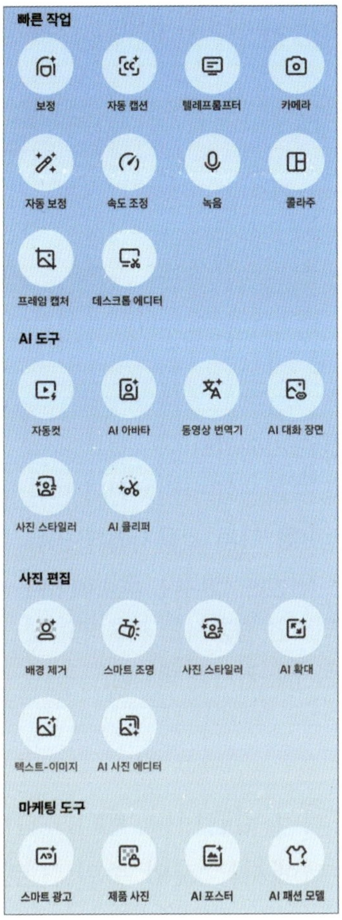

- 보정( ) 인물 사진의 얼굴과 몸을 보정합니다.
- 자동 캡션( ) 영상의 자막을 자동으로 생성해 줍니다.
- 텔레프롬프터( ) 대본을 보며 영상을 촬영할 수 있습니다.
- 카메라( ) 앱 내에서 사진이나 동영상을 촬영할 수 있습니다.
- 자동 보정( ) 사진을 편집하거나 보정할 수 있습니다.
- 속도 조정( ) 영상의 재생 속도를 자유롭게 변경할 수 있습니다.
- 녹음( ) 실시간 녹음 기능을 사용할 수 있습니다.
- 콜라주( ) 한 프레임 안에 사진이나 동영상을 배치하는 기능입니다.
- 프레임 캡처( ) 동영상의 특정 프레임을 고품질의 이미지로 캡처할 수 있습니다.
- 데스크톱 에디터( ) 모바일에서 만든 프로젝트를 클라우드에 올려 데스크톱에서 편집할 수 있는 기능입니다.
- 자동컷( ) 캡컷의 템플릿으로 사진이나 동영상을 자동 편집합니다.
- AI 아바타( ) 사진이나 동영상을 기반으로 말하거나 움직이는 아바타를 생성하는 기능입니다.
- 동영상 번역기( ) 영상의 음성을 29개의 언어로 자연스럽게 번역해 주는 AI 기능입니다.
- AI 대화 장면( ) 대화 스크립트와 캐릭터 이미지를 입력하면 AI가 음성 · 립싱크 · 표정을 생성해 실제로 대화하는 듯한 영상을 만들어 줍니다.
- 사진 스타일러( ) 한 번의 터치로 사진에 어울리는 스타일을 입힐 수 있습니다.
- AI 클리퍼( ) AI가 장면, 움직임, 소리 등의 변화에 따라 자동으로 클립을 잘라 주는 기능입니다.
- 배경 제거( ) 사진에서 필요 없는 배경을 제거할 수 있습니다.
- 스마트 조명( ) 한 번의 터치로 어두운 사진을 보정하는 기능입니다.
- 사진 스타일러( ) 한 번의 터치로 사진에 어울리는 스타일을 입힐 수 있습니다.
- AI 확대( ) 사진이나 동영상의 품질과 선명도를 유지하면서 크기를 확장하거나 확대하는 기능입니다.
- 텍스트-이미지( ) 원하는 스타일을 입력하면 AI가 텍스트를 바탕으로 이미지를 생성해 줍니다.
- AI 사진 에디터( ) AI가 사진을 자동으로 분석해 최적의 보정과 스타일을 적용해 주는 기능입니다.
- 스마트 광고( ) AI가 맞춤형 광고 영상을 제작해 주는 기능입니다.
- 제품 사진( ) 제품 사진의 배경을 변경해 주는 기능입니다.
- AI 포스터( ) 크기, 카테고리, 내용을 입력하면 AI가 맞춤 포스터를 제작해 줍니다.
- AI 패션 모델( ) AI 모델에게 의상을 입혀 보는 기능으로 온라인 쇼핑몰 운영자들에게 유용합니다.

04 캡컷의 편집 유형은 ⓐ [+ 새 동영상] 버튼을 터치하여 직접 편집하는 '편집( )'과 ⓑ 캡컷 크리에이터가 제작한 템플릿을 활용하여 편집하는 '템플릿( )'으로 나뉩니다.

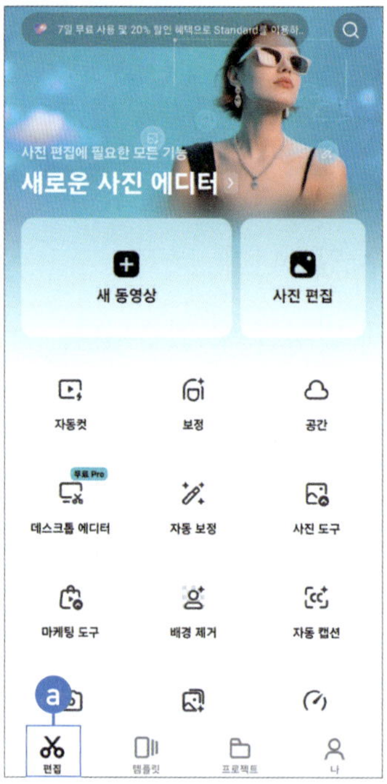

> **잠깐**
>
> **캡컷 크리에이터란?**
>
> 캡컷 크리에이터는 자신이 만든 템플릿을 다른 사용자에게 공유하는 역할을 합니다. 크리에이터가 되려면 신청서를 제출하고 선정 절차를 거쳐야 합니다.

05 '프로젝트( )'는 [로컬], [공간], [미디어], [휴지통] 탭으로 구분되어 있습니다. ⓐ [로컬] 탭에서는 편집 중인 프로젝트를 확인할 수 있습니다. ⓑ [공간] 탭에서는 작업 중인 프로젝트를 클라우드에 업로드하여 다른 사람과 함께 편집할 수 있습니다. [공간] 탭은 유료 요금제 이용자만 사용할 수 있으며, 사용하기 전에 저장 용량 업그레이드가 필요합니다.

잠깐

프로젝트 관리하기

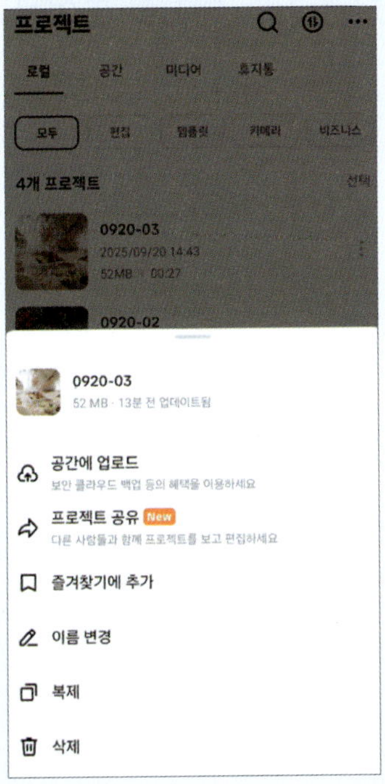

[로컬] 탭에서 프로젝트의 ⋮ 아이콘을 터치하면 프로젝트의 이름을 변경하거나, 삭제하는 등의 작업을 할 수 있습니다.

- **공간에 업로드( )** 작업 중인 프로젝트를 [공간] 탭에 저장해 여러 기기에서 접근할 수 있도록 지원하는 기능입니다.
- **프로젝트 공유( )** 다른 사람들과 함께 프로젝트를 편집한 후, 완성작을 공유할 수 있는 유료 기능입니다.
- **즐겨찾기에 추가( )** 자주 사용하는 프로젝트를 즐겨찾기에 추가하면 프로필 화면의 [좋아요 및 즐겨찾기] 메뉴에서 쉽게 확인할 수 있습니다.
- **이름 변경( )** 프로젝트의 이름을 변경할 수 있습니다.
- **복제( )** 프로젝트를 복제합니다.
- **삭제( )** 프로젝트를 삭제하는 기능으로 삭제한 프로젝트는 [휴지통] 탭에서 확인할 수 있습니다.

06 ⓐ [미디어] 탭에서는 스마트폰에 저장된 사진과 동영상을 확인할 수 있으며, [액세스 허용] 버튼을 터치하면 모든 미디어가 불러와집니다. ⓑ [휴지통] 탭에서는 삭제된 프로젝트를 확인할 수 있으며, 항목은 7일 후에 영구적으로 삭제됩니다. ⋮ 아이콘을 선택해 [휴지통] 탭에 있는 프로젝트를 복원하거나 즉시 삭제할 수도 있습니다.

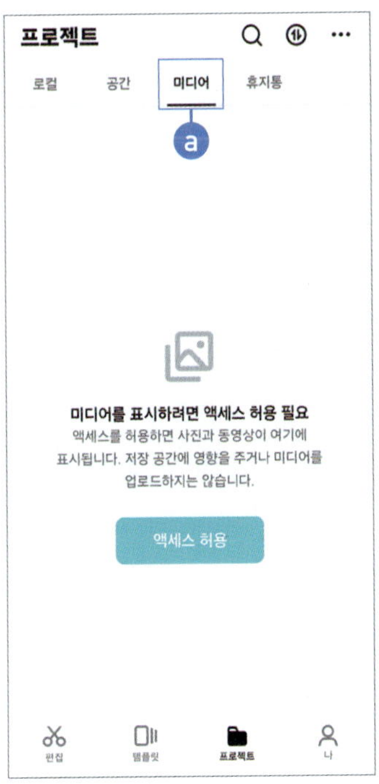

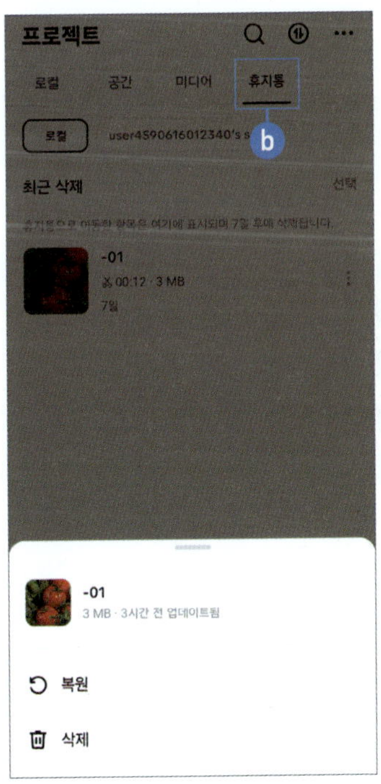

▶ 편집 공간 살펴보기

01 [편집(✂)]을 터치하고 상단의 [+ 새 동영상] 버튼을 터치합니다. 편집할 동영상 세 개를 선택하고 오른쪽 하단의 [추가] 버튼을 터치합니다.

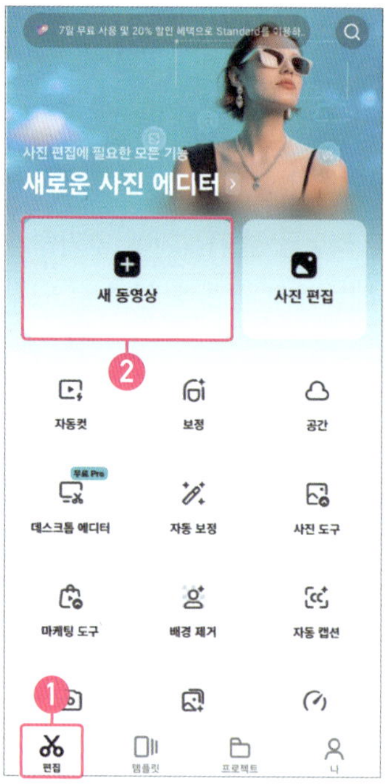

02 편집 공간은 크게 ⓐ 내보내기 공간, ⓑ 미리보기 화면, ⓒ 타임라인, ⓓ 도구 패널로 나뉘어 있습니다. 미리보기 화면에서는 편집한 영상을 확인할 수 있으며, 도구 패널에는 '편집', '오디오', '텍스트', '편집효과' 등 영상 편집에 필요한 도구가 모여 있습니다.

잠깐

미리보기 화면 아이콘 알아보기

- 미리보기 화면을 확대합니다.
- 확대된 화면을 축소합니다.
- ▷ 편집한 영상을 재생합니다.
- ❚❚ 재생되고 있는 영상을 일시 정지합니다.
- 텍스트, 스티커, 효과 및 기타 요소를 동영상 클립과 함께 이동하거나 삭제합니다.
- 텍스트, 스티커, 효과 및 기타 요소를 동영상 클립과 함께 이동하거나 삭제하지 않습니다.
- 방금 작업한 것을 실행 취소합니다.
- 실행 취소한 작업을 다시 실행합니다.

03 영상에 텍스트를 입력하거나, 오디오를 삽입하면 타임라인에 ⓐ 텍스트 클립과 ⓑ 오디오 클립이 나타납니다.

04 영상 편집을 마치면 내보내기 공간에서 [AI UHD] 버튼을 터치합니다. [동영상] 탭에서 '해상도', '프레임 속도', '비트 전송률(Mbps)' 등을 설정하고 [내보내기] 버튼을 터치하면 편집한 영상이 저장됩니다.

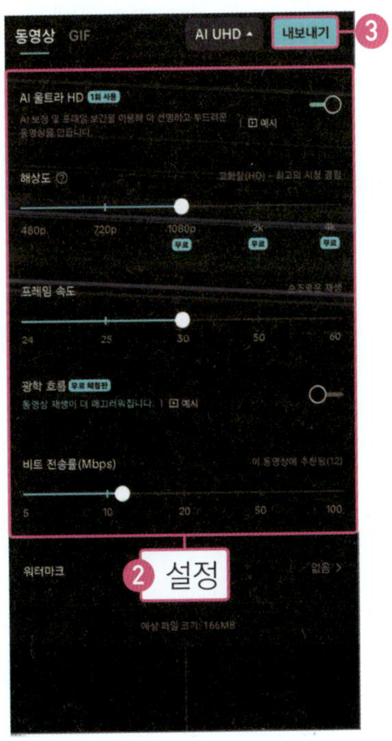

잠깐

> 'AI 울트라 HD'는 훨씬 더 선명하고 부드러운 영상을 만들어 주는 기능입니다. 무료 회원은 1회만 사용할 수 있으므로, 사용하지 않을 경우 비활성화합니다.

05 만약 동영상을 움직이는 이미지 형식으로 저장하고 싶다면 [GIF] 탭을 터치한 후 화질을 설정하고 [내보내기] 버튼을 터치합니다. 내보내는 작업이 100% 완료될 때까지 기다린 후 작업이 완료되면 하단의 [완료] 버튼을 터치합니다.

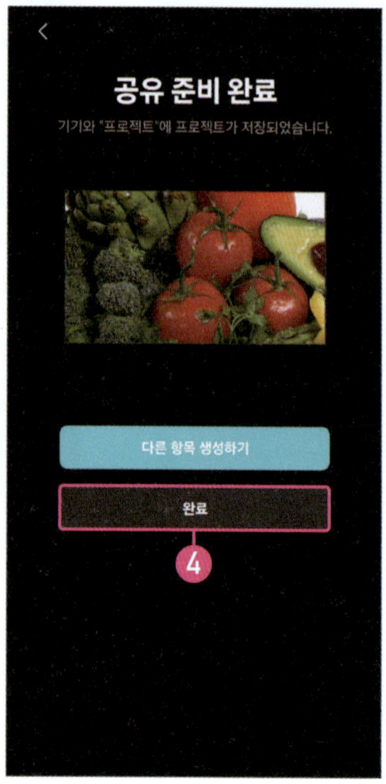

잠깐

GIF란?

GIF는 최대 256 색상을 지원하며 압축률이 높아 용량이 낮은 이미지 형식입니다. 여러 장의 이미지를 연속으로 나타낼 수 있어 블로그, 상세페이지, 각종 커뮤니티 등에 주로 사용됩니다.

03 템플릿으로 간단하게 영상 편집하기

01 템플릿으로 간단하게 영상을 편집하는 방법에 대해 알아보겠습니다. 캡컷 홈 화면으로 돌아와 하단의 [템플릿( )]을 터치하고 마음에 드는 템플릿을 선택합니다. 하단의 [템플릿 사용] 버튼을 터치합니다.

잠깐

템플릿 왼쪽 상단에 Standard 표시가 있는 것은 유료 템플릿입니다.

02 템플릿에 필요한 클립의 개수에 맞춰 동영상이나 사진을 선택하고 오른쪽 하단의 [다음] 버튼을 터치합니다.

잠깐

여러 개의 클립이 필요한 템플릿은 동영상과 사진을 혼합하여 선택할 수 있습니다. 단, 템플릿의 길이보다 짧은 동영상은 선택할 수 없으니 참고합니다.

03 영상 클립을 선택합니다. 하단의 [교체( )], [길이 다듬기( )], [볼륨( )], [필터( )] 메뉴에서 영상을 편집할 수 있습니다. **왼쪽 끝의 버튼을 터치합니다.**

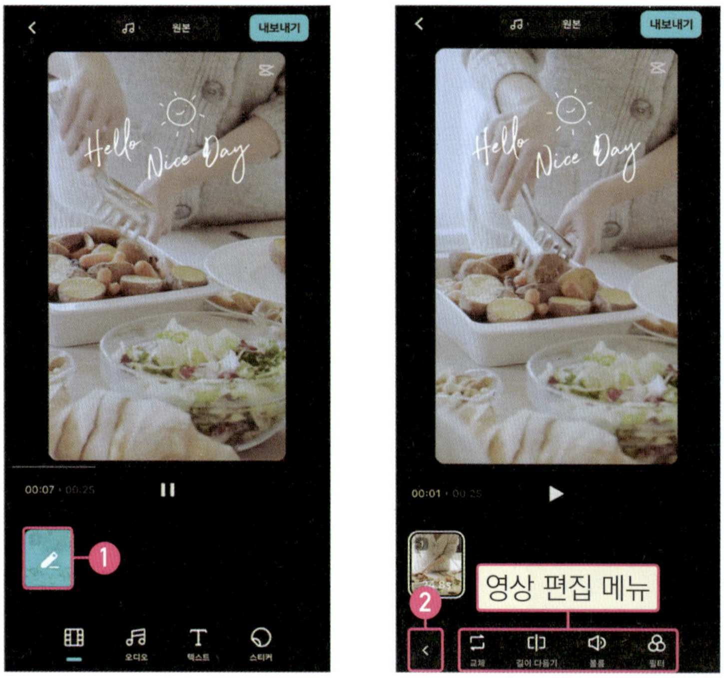

> **잠깐** 선택한 템플릿에 따라 영상 클립을 선택하였을 때 나타나는 메뉴가 교재의 이미지와 다를 수 있습니다.

04 [오디오( )]를 터치합니다. 템플릿에 사용할 오디오를 선택한 후 오른쪽 상단의 [내보내기] 버튼을 터치합니다. 이때 [워터마크 없이 내보내기] 버튼을 터치하면 캡컷 로고가 보이지 않게 파일을 저장할 수 있습니다.

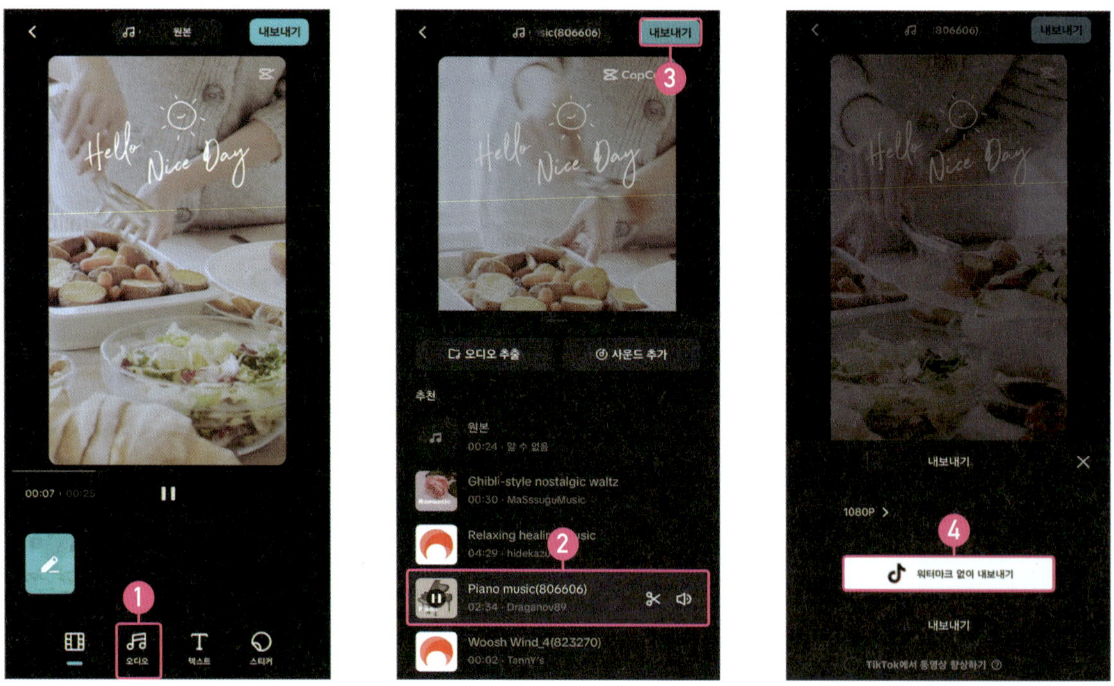

> **잠깐** 마찬가지로 선택한 템플릿에 따라 사용할 수 있는 메뉴가 교재와 다를 수 있습니다.

응용력 키우기

01 [템플릿( )]을 터치해 '라이프스타일' 카테고리를 선택하고 마음에 드는 템플릿으로 영상을 편집한 후 저장해 봅니다.

힌트 검색창 아래에 있는 ⌄ 아이콘을 터치하면 카테고리 창이 나타납니다.

02 캡컷의 '여행' 템플릿을 검색해 봅니다.

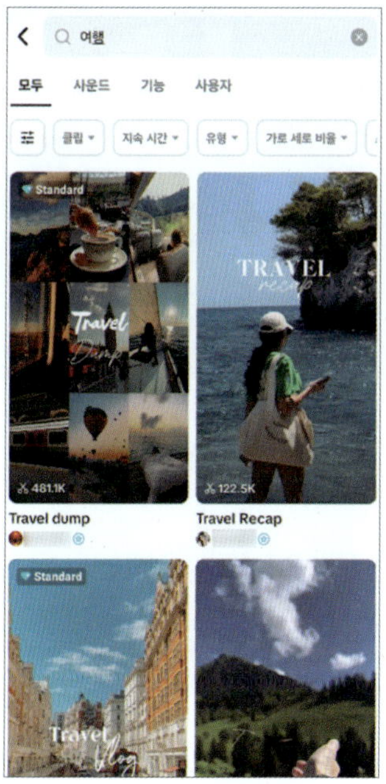

03 영상 편집의 기초 배우기

- 새 프로젝트 실행하기
- 화면 비율 설정하기
- 불필요한 부분 삭제하기
- 영상 추가하기
- 영상 순서 변경하기
- 영상 장면 편집하기

미/리/보/기

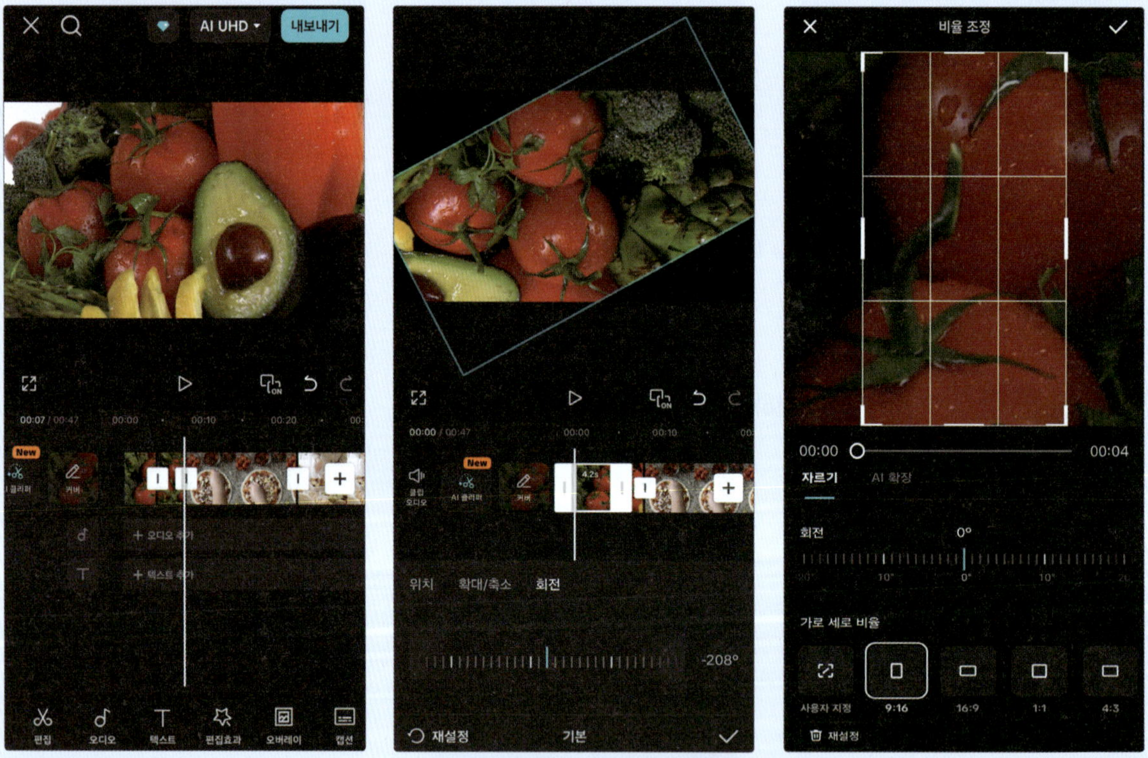

이번 장에서는 업로드할 플랫폼에 맞춰 화면의 비율을 조정하는 방법과 불필요한 부분을 잘라내는 기본 편집 과정을 살펴보겠습니다. 이어서 클립 순서를 재배치하는 방법과 여러 가지 장면 편집 기능도 함께 알아봅니다.

01 화면 비율 설정하고 영상 삭제 및 추가하기

▶ 새 프로젝트 실행하고 화면 비율 설정하기

01 [캡컷( )] 앱을 실행한 후 하단의 [편집( )]을 선택하고 중간의 [+ 새 동영상] 버튼을 터치합니다. [동영상] 탭에서 편집할 동영상을 선택합니다. 이때 사진 파일을 교차 선택할 수 있습니다. 오른쪽 하단의 [추가] 버튼을 터치합니다.

02 편집 공간이 나타나면 미리보기 화면에서 캡컷 로고를 터치합니다. '워터마크' 창에서 [숨김] 버튼을 선택합니다.

03 영상을 업로드할 플랫폼에 맞춰 화면의 비율을 설정하기 위해 **도구 패널을 왼쪽으로 드래그**하고 [가로 세로 비율(■)]을 터치합니다. 유튜브에 업로드하기 위해 [16:9]를 선택하고 오른쪽 하단의 ☑ 아이콘을 터치합니다.

잠깐

플랫폼별 화면 비율

일반적으로 유튜브는 '16:9'의 가로 화면 비율, 틱톡은 '9:16'의 세로 화면 비율을 사용합니다.

▲ 유튜브(16:9)

▲ 틱톡(9:16)

▶ 영상에서 불필요한 부분 삭제하기

01 영상에서 불필요한 부분을 삭제하기 위해 화면 중간의 ▷ 아이콘을 터치해 영상을 재생합니다. 영상을 시청한 후 삭제할 부분의 시작 지점에서 ‖ 아이콘을 터치합니다.

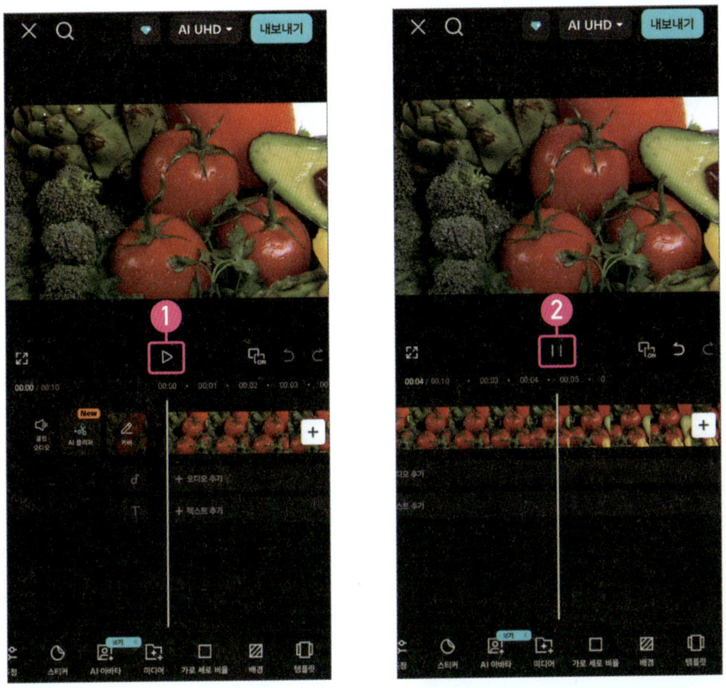

> **잠깐**
>
> **재생 헤드로 영상 편집의 기준점 파악하기**
>
> 타임라인에 있는 하얀색 세로선은 '재생 헤드'입니다. 텍스트, 오디오 등 모든 요소는 재생 헤드가 위치한 곳에 삽입되므로, 편집할 때 재생 헤드의 위치를 항상 확인합니다.

02 도구 패널을 오른쪽으로 드래그해 [편집(✂)]을 터치하면 영상 클립 테두리에 하얀색 영역이 지정됩니다. 이때 하단의 [분할(][)]을 터치하면 영상 클립이 두 개로 나눠집니다.

잠깐

타임라인 확대/축소하기

타임라인 영역을 두 손가락으로 벌리면 확대되고, 오므리면 축소됩니다. 타임라인을 확대하거나 축소해도 영상 길이는 변하지 않으며, 여러 클립을 한눈에 보거나 세부 구간을 확인할 때 활용할 수 있습니다.

▲ 타임라인 확대

▲ 타임라인 축소

03 타임라인을 축소한 후 다시 ▷ 아이콘을 터치해 영상을 재생합니다. 삭제할 부분에서 ⏸ 아이콘을 터치하고 하단의 [분할(][)]을 터치하면 영상이 세 개로 나눠집니다.

04 삭제하고 싶은 영상 클립을 선택하고 클립의 테두리가 하얀색 영역으로 지정되면 하단의 [삭제( )]를 터치합니다. 이와 같은 작업을 반복하여 필요한 장면만 남겨 놓는 것이 영상 편집의 첫걸음입니다.

잠깐

엔딩 클립 삭제하기

영상이 끝나는 지점에 엔딩 클립으로 캡컷의 브랜드 로고 미디어가 생성되어 있다면, 엔딩 클립을 선택한 후 하단의 [삭제( )]를 터치합니다. 이렇게 하면 깔끔하게 편집된 영상만 볼 수 있습니다.

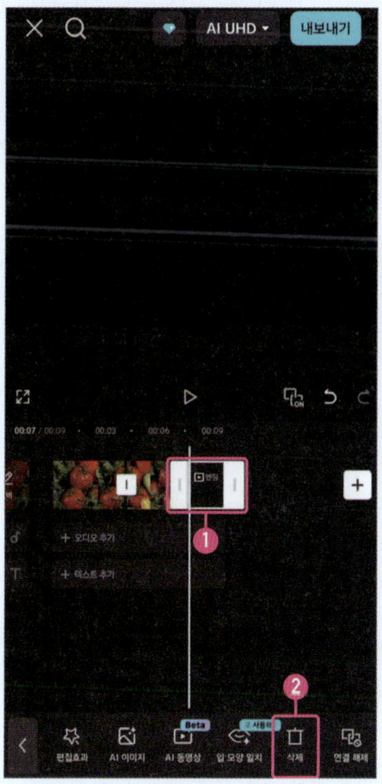

▸ 새로운 영상 추가하고 순서 변경하기

01 편집 중에 다른 영상을 추가하는 방법을 알아보겠습니다. 영상을 추가할 위치로 [재생 헤드]를 드래그하고 타임라인 오른쪽 끝의 + 버튼을 터치합니다. 추가하고 싶은 동영상을 선택하고 오른쪽 하단의 [추가] 버튼을 터치합니다.

02 선택한 순서대로 타임라인에 영상이 추가됩니다. 만약 영상의 순서를 바꾸고 싶다면 영상 클립을 길게 터치한 후 원하는 위치로 드래그하면 됩니다. 영상 클립을 원래 위치로 다시 드래그합니다.

02 여러 가지 장면 편집 기능 알아보기

▶ 회전, 미러링, 고급 설정하기

01 타임라인에서 편집할 영상 클립을 선택하고 도구 패널을 왼쪽으로 드래그합니다. '회전', '미러링' 등의 작업을 할 수 있는 [변형 2(⌗)]를 터치합니다.

02 [회전(◇)]을 차례대로 세 번 터치해 봅니다. 터치할 때마다 90°, 180°, 270°로 미리보기의 화면이 회전됩니다.

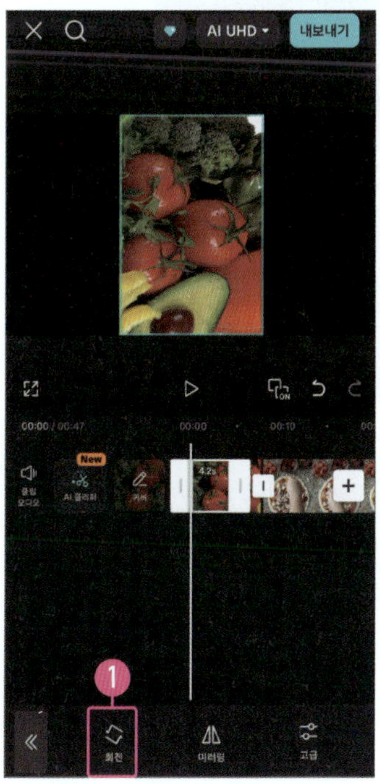

▲ 한 번 터치(90° 회전)

▲ 두 번 터치(180° 회전)

▲ 세 번 터치(270° 회전)

03 다시 [회전( )]을 터치해 초기 화면으로 돌아온 후 이번에는 [미러링( )]을 터치해 봅니다. 화면이 반전되는 것을 확인할 수 있습니다. **아이콘을 터치하여** 미러링을 실행 취소한 후 이어서 [고급( )]을 터치합니다.

04 [위치] 탭의 X축은 화면을 왼쪽·오른쪽으로 이동할 수 있습니다. 0을 기준으로 **X축 조절바를 오른쪽으로 드래그**해 숫자가 작아질수록 화면이 왼쪽으로 이동합니다. 반대로 **왼쪽으로 드래그**해 숫자가 커질수록 화면이 오른쪽으로 이동합니다.

▲ 오른쪽으로 드래그했을 때

▲ 0일 때

▲ 왼쪽으로 드래그했을 때

05 [위치] 탭의 Y축은 화면을 위·아래로 이동할 수 있습니다. 0을 기준으로 **Y축 조절바를 오른쪽으로 드래그**해 숫자가 작아질수록 화면이 위쪽으로 이동합니다. 반대로 **왼쪽으로 드래그**해 숫자가 커질수록 화면이 아래쪽으로 이동합니다.

▲ 오른쪽으로 드래그했을 때

▲ 0일 때

▲ 왼쪽으로 드래그했을 때

06 왼쪽 하단의 [재설정( )]을 터치하고 기본의 모든 조정을 재설정할 것이냐고 묻는 창의 [확인] 버튼을 터치합니다.

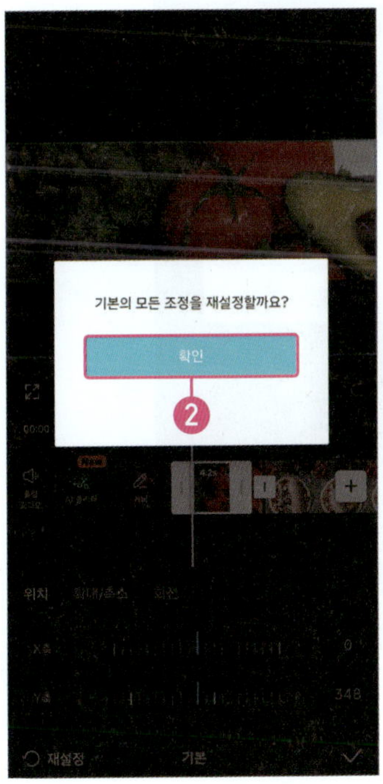

> **잠깐**
> 교재에서는 캡컷의 기능을 정확히 배우기 위해 설명한 기능의 설정값을 모두 초기화한 후 다음 단계로 넘어갑니다.

07 [확대/축소] 탭을 터치합니다. 100%를 기준으로 **오른쪽으로 드래그**하여 0%에 가까워질수록 화면이 축소되며, **왼쪽으로 드래그**하여 1,000%에 가까워질수록 화면이 확대됩니다.

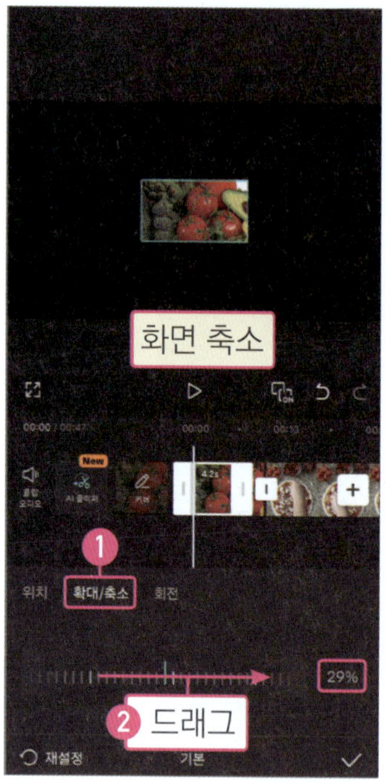

▲ 오른쪽으로 드래그했을 때

▲ 100%일 때

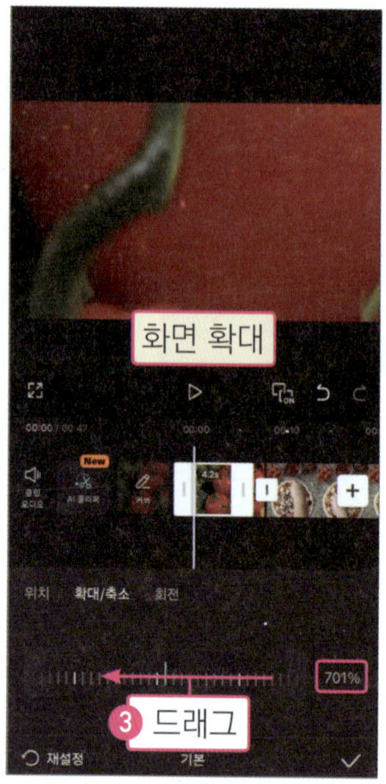

▲ 왼쪽으로 드래그했을 때

08 왼쪽 하단의 [재설정( )]을 터치하고 재설정을 묻는 창의 [확인] 버튼을 터치합니다.

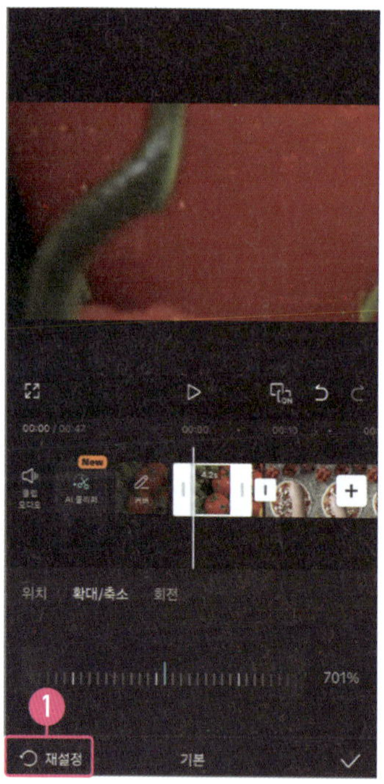

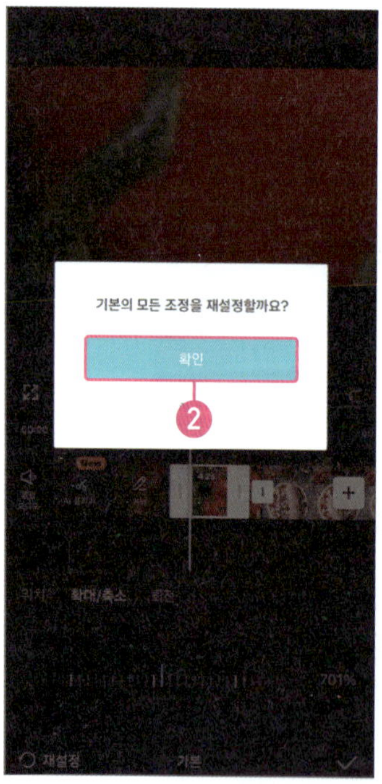

09 [회전] 탭을 터치합니다. 0°를 기준으로 **오른쪽으로 드래그**하여 –360°에 가까워질수록 미리보기 화면이 반시계 방향으로 회전하며, **왼쪽으로 드래그**하여 360°에 가까워질수록 시계 방향으로 회전합니다.

▲ 오른쪽으로 드래그했을 때

▲ 0°일 때

▲ 왼쪽으로 드래그했을 때

10 **왼쪽 하단의 [재설정( )]**을 터치합니다. 재설정을 묻는 창의 **[확인] 버튼**을 터치합니다. 모든 설정이 초기화되면 **오른쪽 하단의 ✓ 아이콘**을 터치합니다.

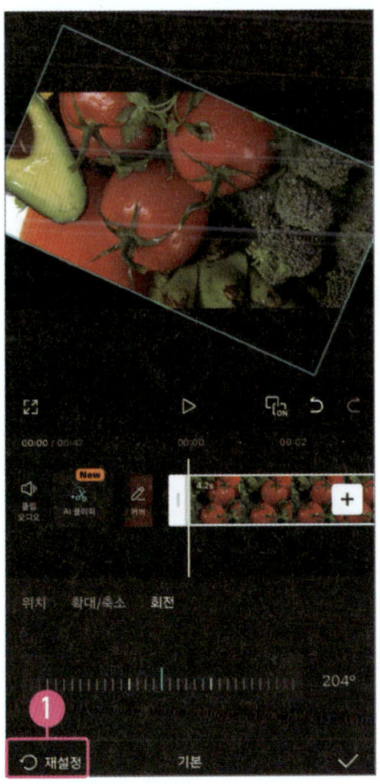

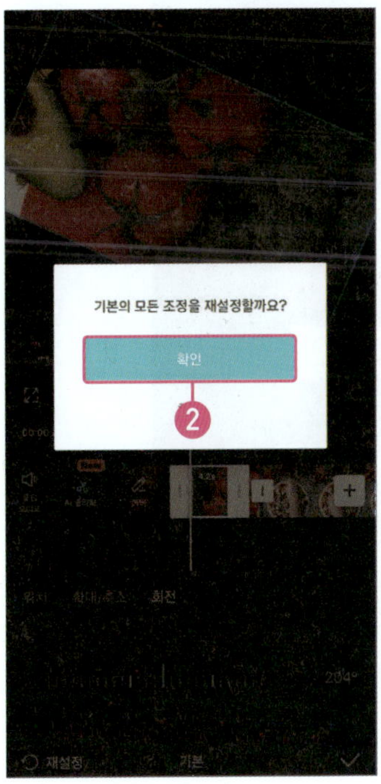

잠깐

미리보기 화면에서 직접 '위치', '확대/축소', '회전'을 조정할 수 있습니다. 화면을 드래그하면 이동 또는 회전이 가능하고, 두 손가락으로 터치하여 오므리거나 벌리면 화면을 축소하거나 확대할 수 있습니다.

▶ 자르기 설정하기

01 « 버튼을 터치합니다. 도구 패널을 오른쪽으로 드래그합니다. [자르기( )]를 선택합니다.

02 화면의 일부를 보여 주고 싶을 때 이 기능을 사용할 수 있습니다. 예시로 [9:16]을 선택한 후 오른쪽 상단의 ✓ 아이콘을 터치합니다. 화면의 비율이 조정되었습니다. 왼쪽 상단의 ✕ 아이콘을 터치하여 프로젝트 화면을 닫아 줍니다.

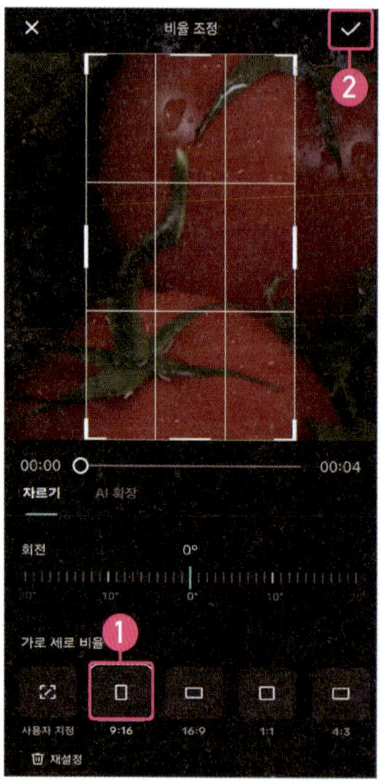

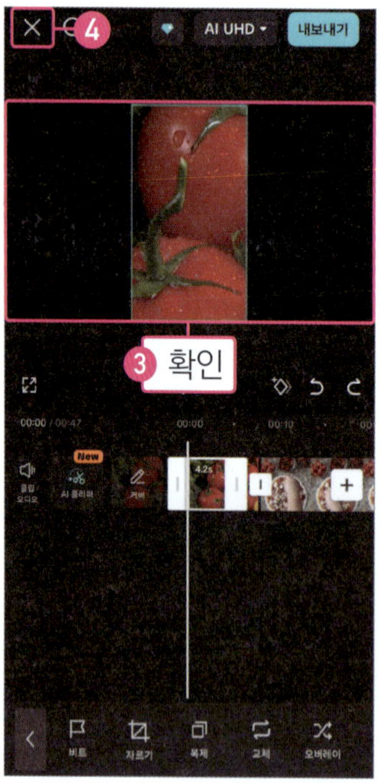

> **잠깐** 프로젝트를 생성할 때 설정한 비율과 다른 비율을 선택하면 해상도가 낮아지고, 화면에 검은색 여백이 생기니 참고합니다.

응용력 키우기

01 스마트폰에 저장된 영상 중 하나를 새 프로젝트로 불러온 후 [편집(✂)]의 [분할(][)]을 활용해 영상을 편집해 봅니다.

02 이어서 편집할 영상 클립을 선택한 후 [변형 2(⌗)]-[고급(☰)]의 [확대/축소] 탭에서 화면을 '63%'로 축소하고, [회전] 탭에서 '-18°'로 화면을 회전시켜 봅니다.

04 영상에 텍스트 추가하기

- 영상에 텍스트 추가하기
- 다양한 텍스트 효과 적용하기
- 텍스트 클립 편집하기
- 자동 캡션 생성 및 편집하기

미/리/보/기

이번 장에서는 영상에 텍스트를 추가한 후 스타일, 애니메이션, 말풍선 등의 다양한 효과를 적용하는 과정을 단계별로 살펴봅니다. 더불어 음성이 포함되어 있는 영상에 자동으로 자막을 삽입하고 이를 자연스럽게 편집하는 방법도 함께 배워보겠습니다.

01 영상에 텍스트 추가하고 다양한 효과 적용하기

▶ 텍스트 추가하기

01 캡컷의 홈 화면에서 [+ 새 동영상] 버튼을 터치합니다. 01장에서 다운로드한 동영상 세 개를 선택하고 오른쪽 하단의 [추가] 버튼을 터치합니다.

02 영상에 텍스트를 추가하기 위해 하단의 [텍스트(T)]를 터치합니다. 이어서 [텍스트 추가(A+)]를 터치합니다.

03 텍스트 입력란을 터치합니다. '토마토의 효능'을 입력한 후 [icon] 아이콘을 터치합니다.

04 글꼴을 설정하기 위해 [글꼴] 탭을 터치하고 마음에 드는 글꼴을 선택하여 적용해 봅니다. 예제에서는 [고딕체]를 선택했습니다.

잠깐

캡컷은 수시로 업데이트되어 교재에 소개된 글꼴 · 음악 · 필터 등 각종 편집 메뉴 및 관련 탭의 위치나 명칭이 실제 화면과 다를 수 있습니다. 이 경우에는 유사한 이름의 메뉴를 선택해 실습을 진행하기 바랍니다.

잠깐

글꼴 사용시 주의할 점

오른쪽 상단에 무료 체험판 표시가 있는 것은 7일간 무료로 사용할 수 있는 유료 글꼴입니다. 무료 회원이 유료 글꼴을 사용하면 영상을 내보내기 할 수 없으므로, 해당 글꼴은 사용하지 않는 것이 좋습니다. 상단의 버튼을 터치하면 사용 중인 유료 기능을 확인할 수 있으니 참고합니다.

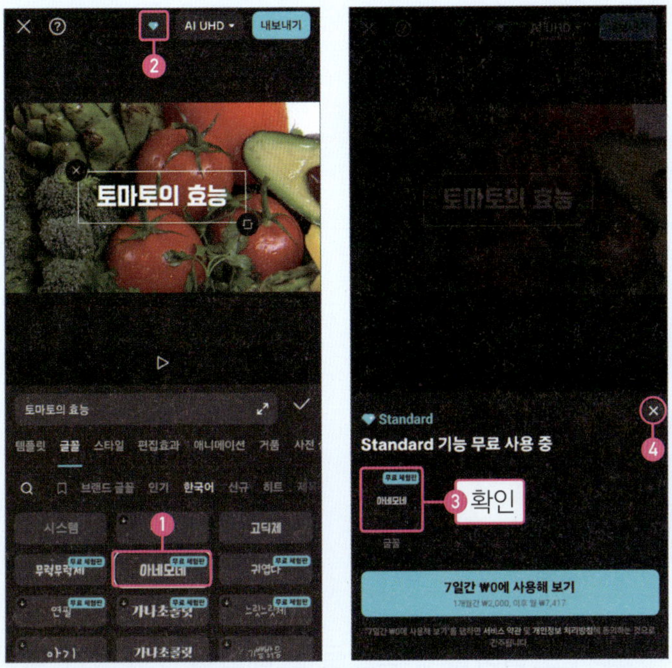

▸ 스타일 적용하기

01 이어서 [스타일] 탭을 터치합니다. 스타일 목록에서 마음에 드는 스타일을 터치하여 적용해 보세요.

02 글꼴 스타일을 직접 편집하기 위해 **스타일 목록을 오른쪽으로 드래그**한 후 ⃠ **버튼을 터치**하여 기본 글꼴로 돌아갑니다. [텍스트] 탭에서 **마음에 드는 색상을 선택**합니다.

03 텍스트의 크기를 조절해 봅니다. **크기 조절바를 왼쪽으로 드래그**하여 숫자가 작아질수록 텍스트의 크기가 작아집니다. 반대로 **오른쪽으로 드래그**하여 숫자가 커질수록 텍스트의 크기가 커집니다. **텍스트의 크기를 '20'으로 설정**해 봅니다.

04 이어서 [획] 탭을 터치하고 획 색상을 선택합니다. 너비 조절바를 왼쪽으로 드래그하여 숫자가 작아질수록 획의 두께가 얇아집니다. 반대로 오른쪽으로 드래그하여 숫자가 커질수록 획의 두께가 두꺼워집니다. 너비를 '30'으로 설정합니다.

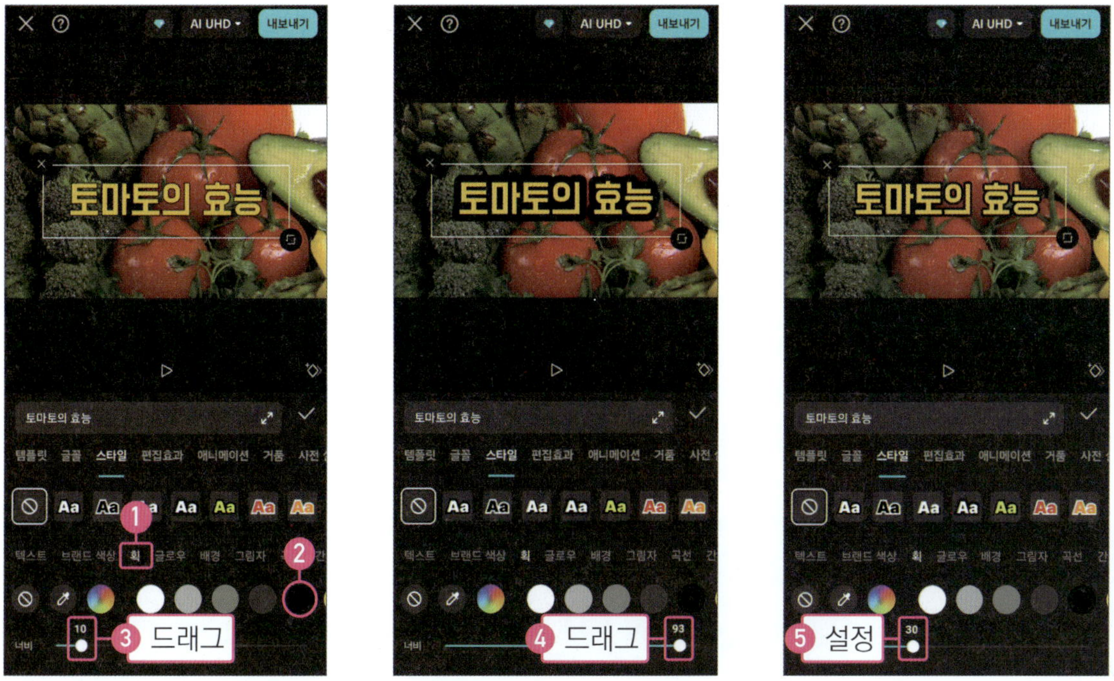

05 [배경] 탭을 터치합니다. 배경 스타일과 색상을 선택하고 화면을 위로 스크롤하면 배경의 '불투명도', '모서리 반지름' 등을 설정할 수 있습니다. 왼쪽 끝의 ⊘ 버튼을 터치해 배경을 삭제합니다.

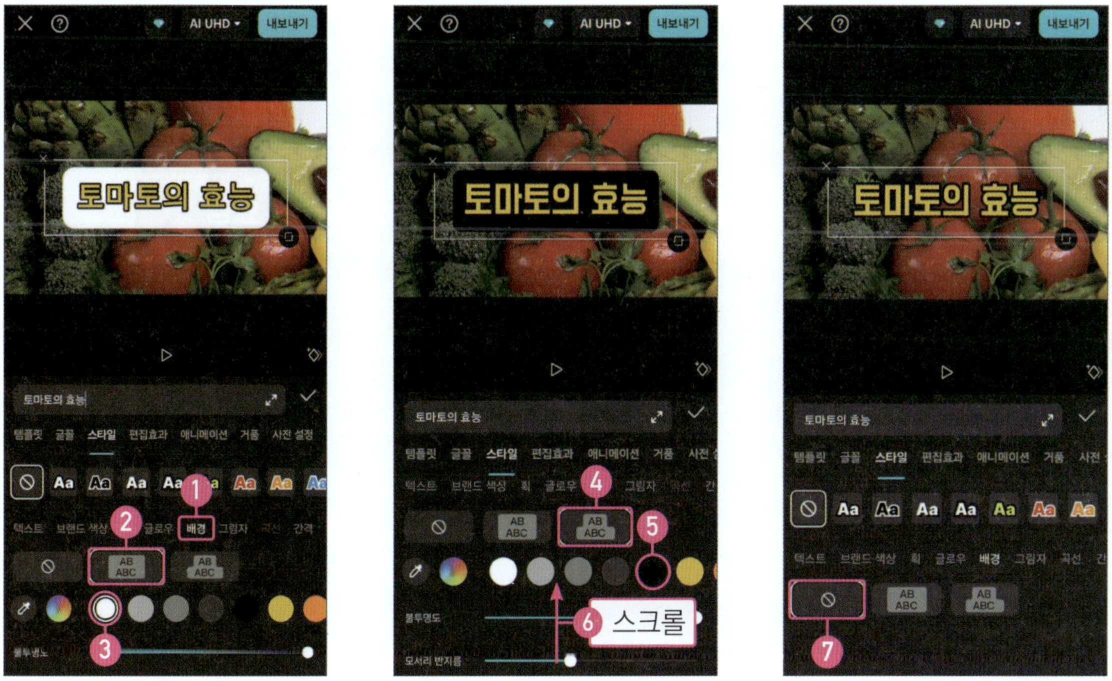

06 텍스트의 방향과 문장 사이의 간격을 조절하기 위해 [간격] 탭을 터치합니다. [정렬] 아이콘을 선택하면 텍스트의 방향을 설정할 수 있습니다. 확대는 '30', 문자 간격은 '0', 줄 간격은 '0'으로 설정해 봅니다

▸ 편집 효과 적용하기

01 [편집효과] 탭을 터치하고 마음에 드는 효과를 선택하여 적용해 봅니다. 오른쪽 상단에 무료 체험판 표시가 있는 것은 7일간 무료로 사용할 수 있는 유료 효과이니 참고합니다.

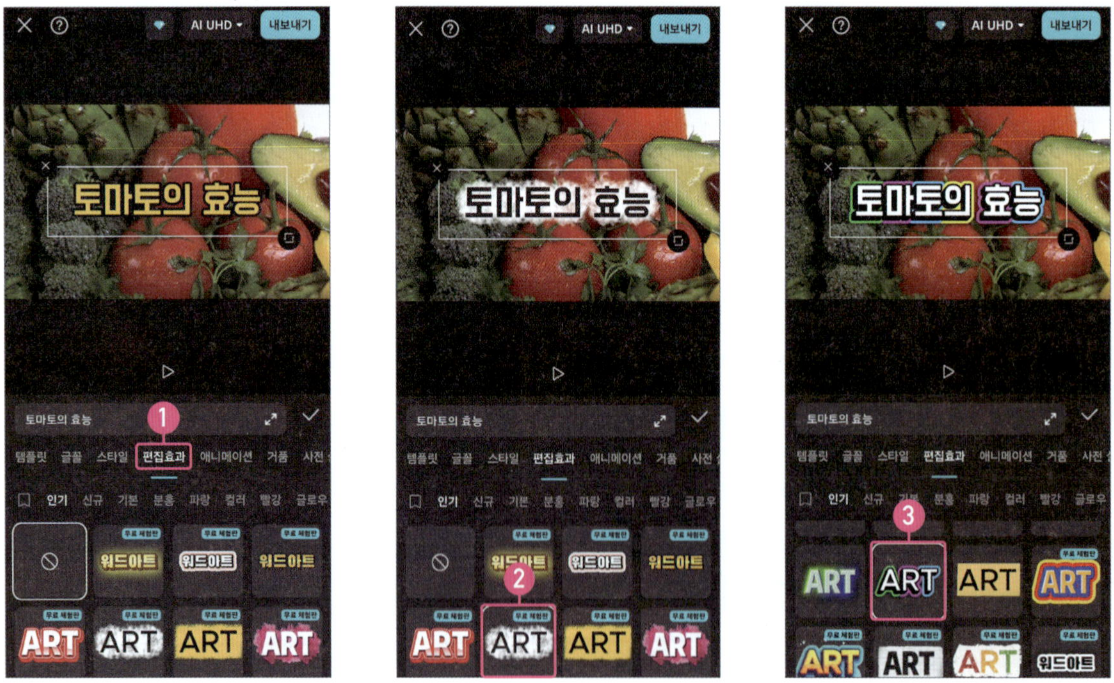

▶ 애니메이션 적용하기

01 이번에는 [애니메이션] 탭을 터치합니다. '인'과 '아웃'은 텍스트가 나타나고 사라지는 애니메이션, '반복'은 지정된 길이에서 반복되는 애니메이션입니다. [인] 탭에서 [날리는 별빛]을 선택합니다. 이어서 [아웃] 탭의 [페이드 아웃]을 터치해 봅니다. 마지막으로 [반복] 탭의 [글자 포인터]를 터치해 보고 [없음(⊘)]을 터치해 '반복' 애니메이션은 삭제합니다.

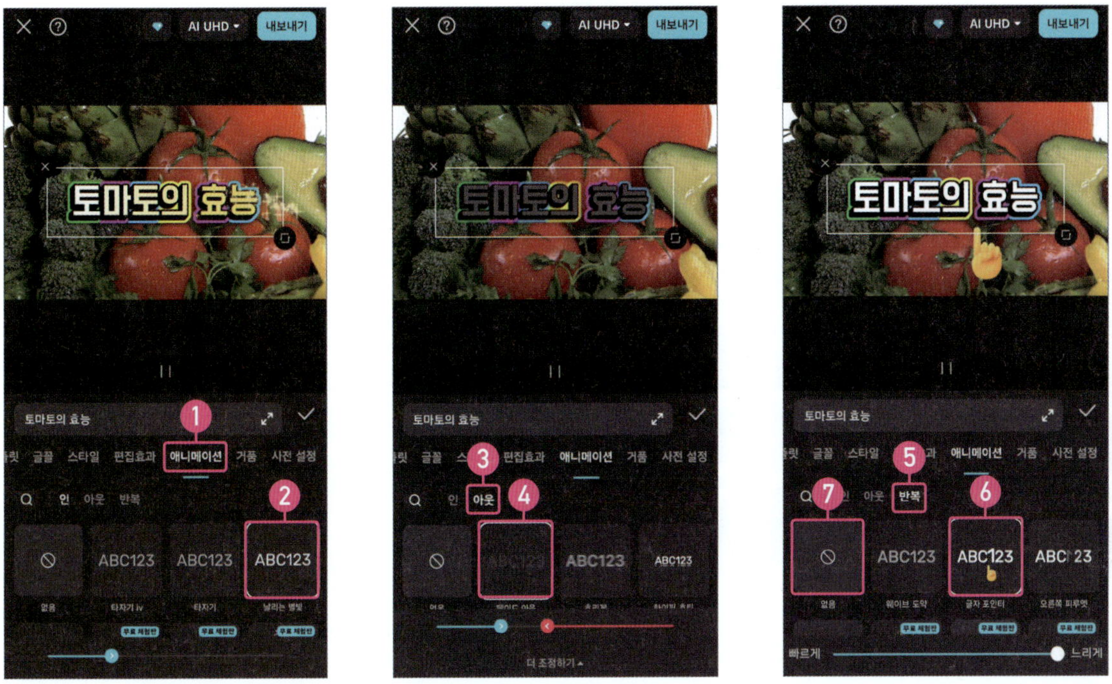

잠깐

인&아웃 애니메이션 속도 조정하기

'인', '아웃' 애니메이션을 모두 적용한 경우에는 하단의 조절바에서 속도를 함께 조정합니다. '인'은 파란색 조절바를 오른쪽으로 드래그하면 느려지고, 왼쪽으로 드래그하면 빨라집니다. 반대로 '아웃'은 빨간색 조절바를 오른쪽으로 드래그하면 빨라지고, 왼쪽으로 드래그하면 느려집니다.

▲ 애니메이션 속도 동시에 조정하기

▶ 말풍선 적용하기

01 만화의 말풍선처럼 텍스트를 꾸미기 위해 **[거품] 탭을 터치한 후 마음에 드는 말풍선을** 선택합니다. 예제에서는 [Work hard] 말풍선을 선택했습니다.

02 모든 효과를 적용하기 위해 **오른쪽 중간의 ☑ 아이콘을 터치합니다.** 타임라인에 텍스트 클립이 생성되었습니다.

텍스트 효과 편집 메뉴의 위치

잠깐

텍스트 효과를 다시 편집하고 싶은 경우에는 텍스트 클립을 터치한 후 하단에 나타나는 [스타일(Aa)], [애니메이션(◎)], [편집효과(A)] 등의 메뉴에서 수정합니다.

02 텍스트 클립 편집하기

▶ 텍스트 클립 길이 조절 및 분할하기

01 텍스트 클립의 길이를 조절하기 위해 **텍스트 클립을 터치합니다**. 클립의 오른쪽 끝부분을 드래그해 원하는 길이만큼 조절해 봅니다.

02 텍스트 클립을 나누고 싶은 위치로 [재생 헤드]를 드래그합니다. 하단의 [분할( )]을 터치하면 클립이 나눠져 텍스트의 스타일을 유지한 채 내용을 수정할 수 있습니다. **텍스트 클립을 선택하고** 미리보기 화면에서 **텍스트의 내용을 수정해** 봅니다.

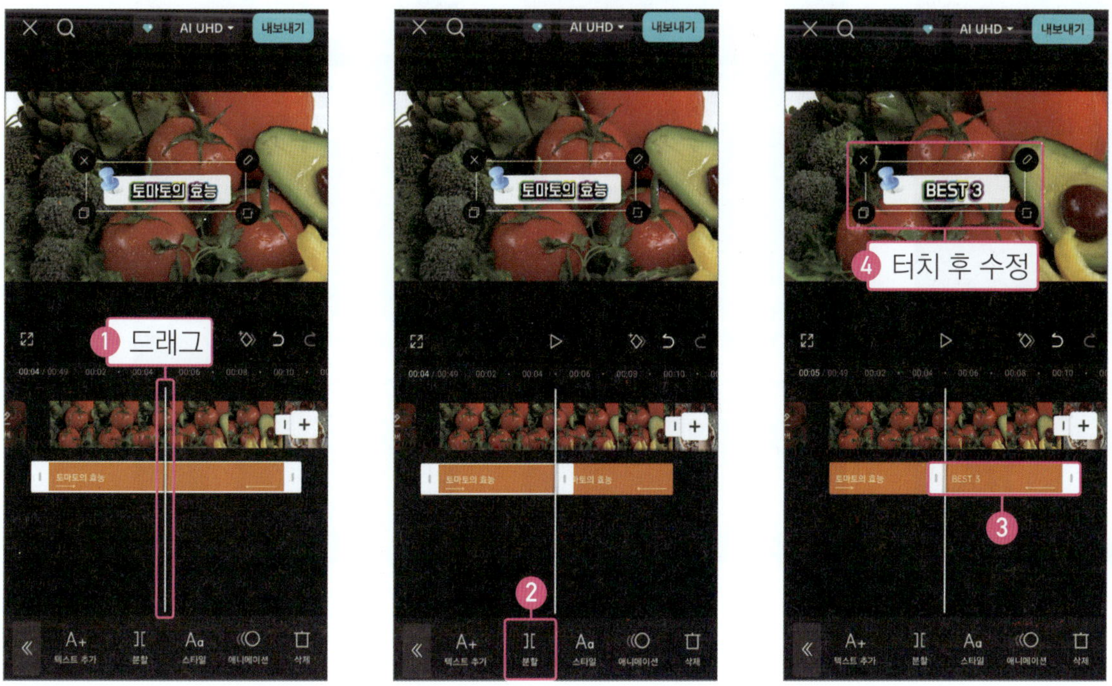

▶ 텍스트 클립 삭제하고 복제하기

01 이번에는 필요 없는 텍스트 클립을 삭제해 보겠습니다. 타임라인에서 'BEST 3' 클립을 선택하고 하단의 [삭제( )]를 터치합니다. 텍스트 클립이 삭제됩니다.

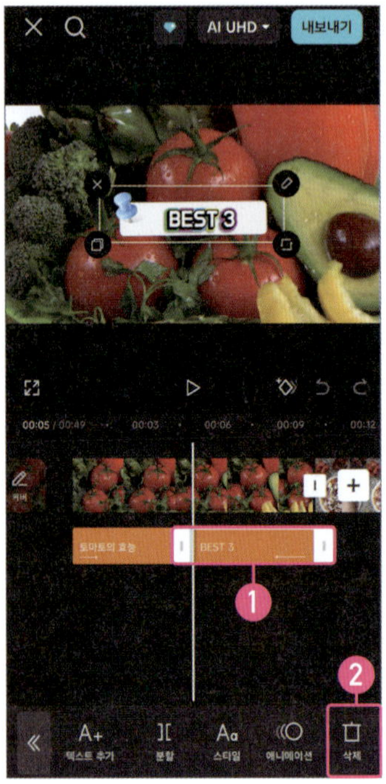

02 같은 내용의 텍스트가 필요할 때는 텍스트를 복제할 수 있습니다. **복제할 텍스트 클립을 선택한 후 도구 패널을 왼쪽으로 드래그하여 [복제( )]를 터치합니다.** 미리보기 화면에서 **복제한 텍스트를 드래그**하여 위치를 이동해 봅니다. [삭제( )]를 터치해 복제한 클립을 삭제한 후 **왼쪽 상단의 X 아이콘을 터치합니다.**

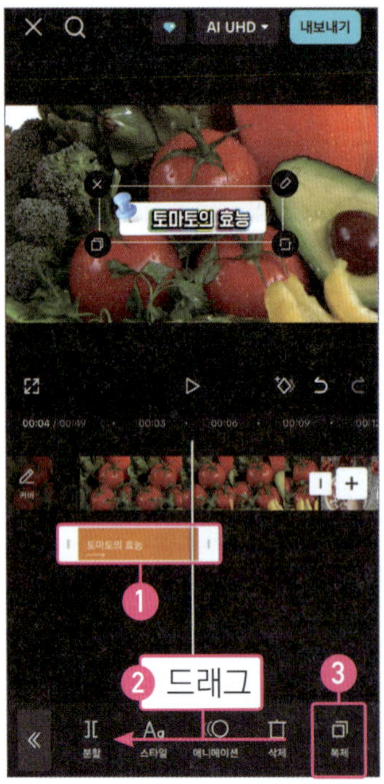

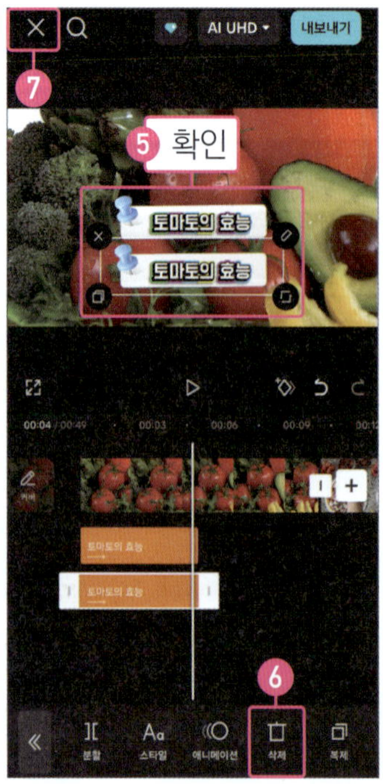

03 AI로 자동 캡션 생성하고 편집하기

▶ 자동 캡션 생성하기

01 음성이 포함되어 있는 영상에 자동으로 자막을 생성할 수 있습니다. 자기소개 영상을 2분 내외로 촬영한 후 캡컷 홈 화면에서 [+ 새 동영상] 버튼을 터치합니다. 자기소개 영상을 선택한 후 오른쪽 하단의 [추가] 버튼을 터치합니다.

02 하단의 [텍스트(T)]를 터치한 후 [자동 캡션([CC])]을 터치합니다.

> **잠깐**
> 무료 회원의 경우 자동 캡션 기능을 월 2회 사용할 수 있습니다. 무료 사용 횟수는 매달 초에 자동으로 갱신됩니다.

03 '자동 캡션' 창에서 [소스 언어]를 터치합니다. '소스 언어' 창에서 '한국어'를 선택하고 ⊙ 아이콘을 터치합니다.

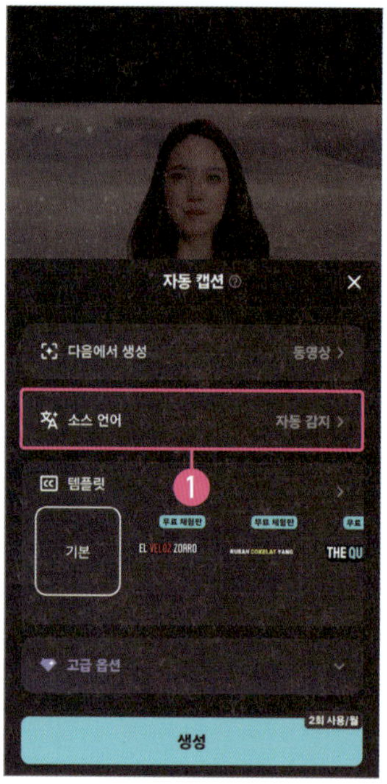

04 [템플릿] 목록을 왼쪽으로 드래그한 후 마음에 드는 템플릿을 선택하고 하단의 [생성] 버튼을 터치합니다. 캡션이 100% 생성될 때까지 기다립니다. 타임라인에서 자동 캡션 클립이 생성된 것을 확인합니다.

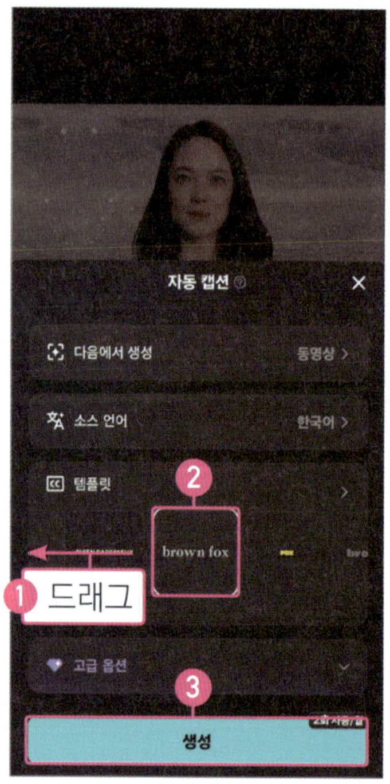

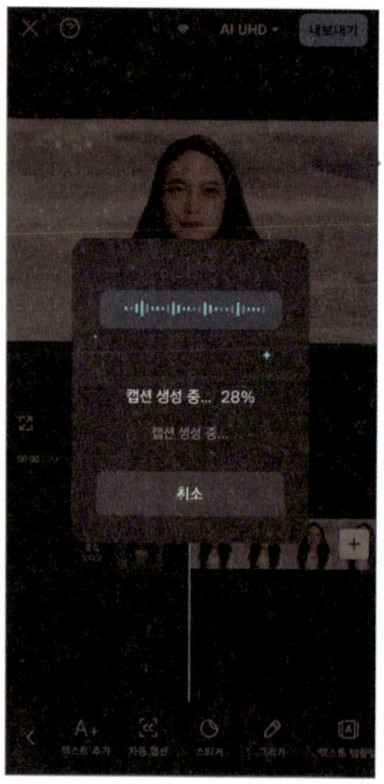

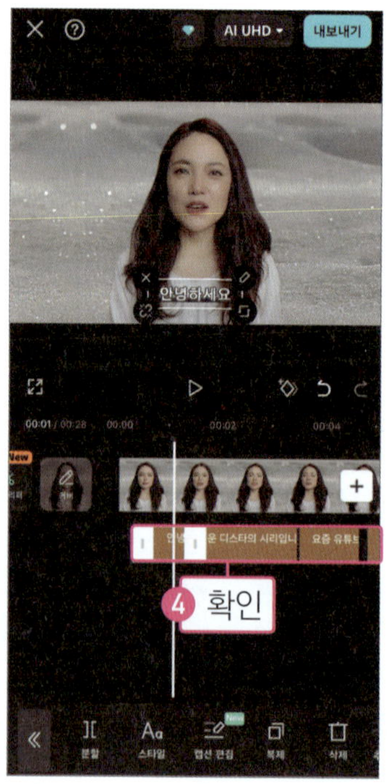

▸ 자동 캡션 편집하기

01 영상의 오디오가 불확실하면 맞춤법이나, 내용이 틀리는 경우가 있기 때문에 자동 캡션의 문장을 꼭 확인해야 합니다. 캡션 클립이 선택되어 있는 상태에서 [캡션 편집( )]을 터치합니다. 수정할 문장을 선택한 후 텍스트를 수정하고 아이콘을 터치합니다.

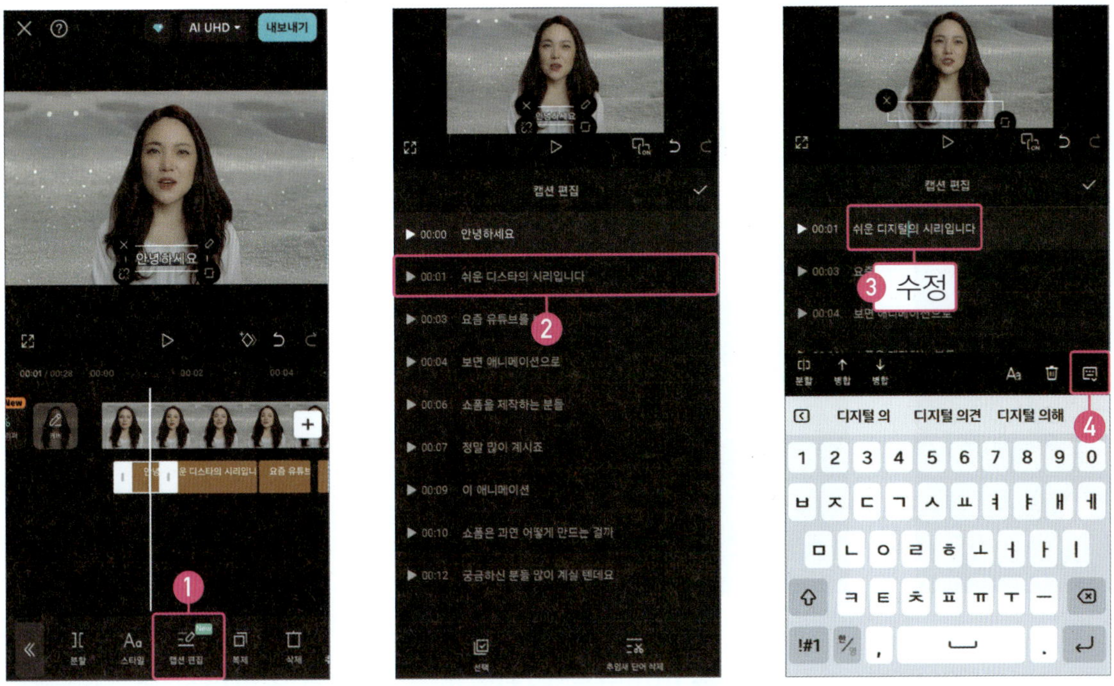

> **잠깐** 키보드의 버튼을 터치하면 텍스트를 지울 수 있고, 버튼을 터치하면 단을 나눌 수 있습니다.

02 수정이 끝났다면 하단의 [선택( )]을 터치한 후 [모두 선택( )]을 터치합니다.

03 자동 캡션의 스타일을 한꺼번에 변경하기 위해 [스타일(Aa)]을 터치합니다. '템플릿', '글꼴', '스타일', '편집효과' 등을 적용한 후 ⊙ 아이콘을 터치합니다. 예제에서는 템플릿을 변경해 보았습니다.

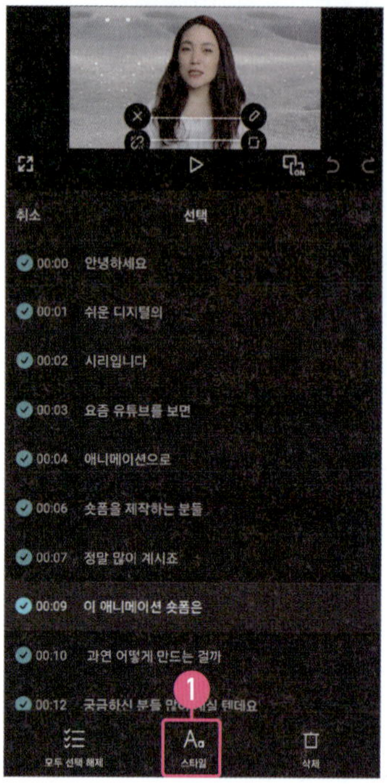

04 오른쪽 상단의 [완료]를 터치하고 ✓ 아이콘을 터치하면 전체 캡션 스타일이 변경됩니다. 왼쪽 상단의 ✕ 아이콘을 터치해 프로젝트 화면을 닫아 줍니다.

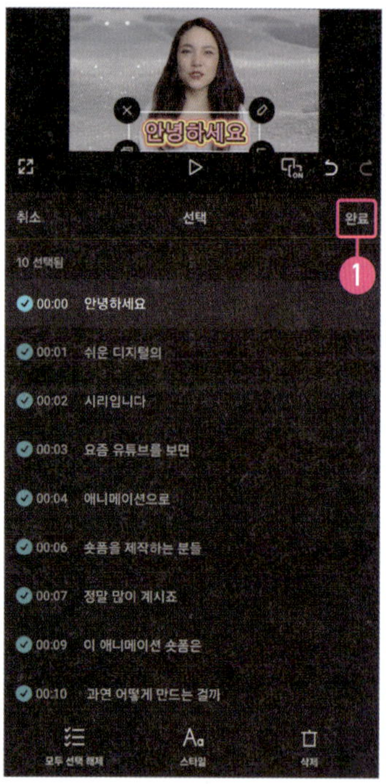

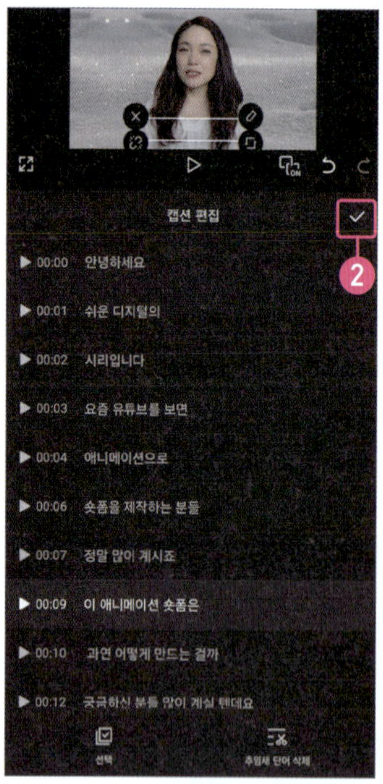

잠깐

스티커로 영상 꾸미기

① 영상에 스티커를 넣으면 귀여운 포인트가 되고, 감성적인 분위기를 연출할 수 있습니다. 스티커를 추가할 위치에서 [텍스트(T)]를 터치합니다. 이어서 [스티커( )]를 터치합니다.

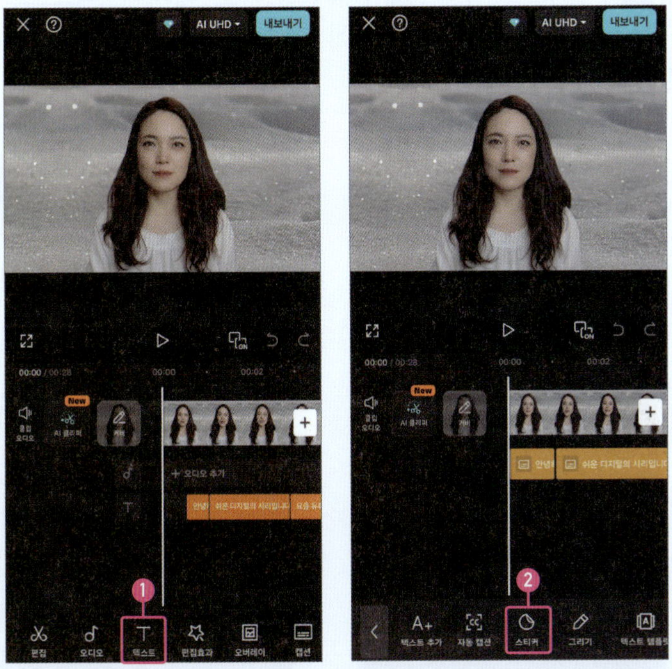

② 영상에 어울리는 스티커를 선택하고 오른쪽 중간의 ✓ 아이콘을 터치하면 타임라인에 스티커 클립이 생성됩니다. 하단의 [애니메이션( )], [복제( )] 등의 메뉴를 통해 스티커를 편집할 수 있습니다.

응용력 키우기

01 새 프로젝트를 불러와 [텍스트()]-[텍스트 추가()]에서 '토마토 레시피' 텍스트를 삽입합니다. 글꼴은 '카페24 단정해', 스타일은 '검은색 텍스트에 회색 바탕'을 적용한 후 애니메이션은 [반복] 탭의 [컬러 업]으로 설정해 봅니다.

02 자기소개 영상을 새 프로젝트로 불러온 후 [텍스트()]-[자동 캡션()]에서 소스 언어를 '한국어'로 선택해 자동 자막을 생성합니다. 그리고 [캡션 편집()]에서 템플릿을 적용해 봅니다.

05 영상에 음악 추가하기

- 배경 음악 추가하기
- 효과음 추가하기
- 무료 음원 다운로드하기
- 음원 파일 불러오기
- 오디오 클립 편집하기
- 실시간 음성 녹음하기

미/리/보/기

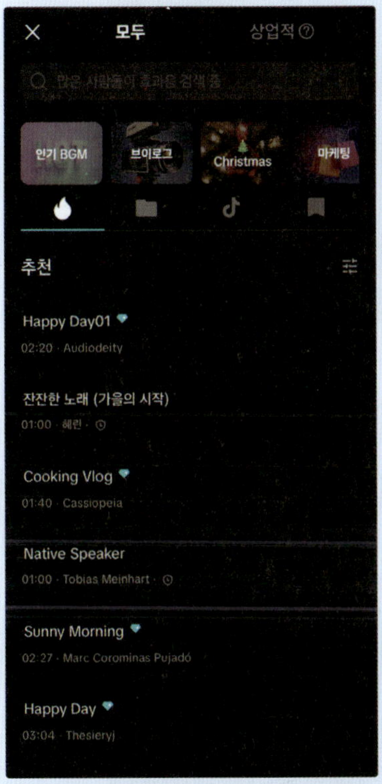

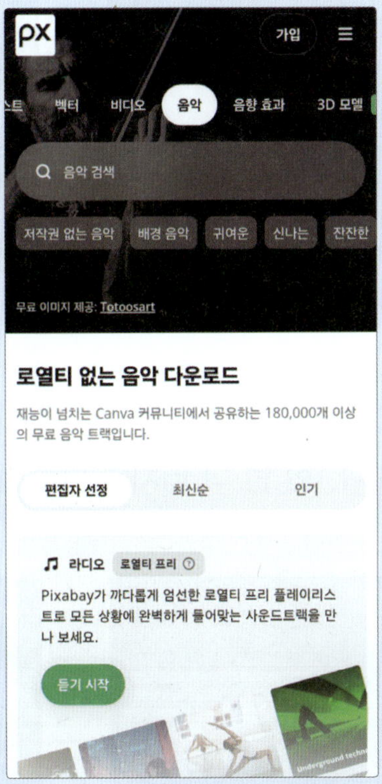

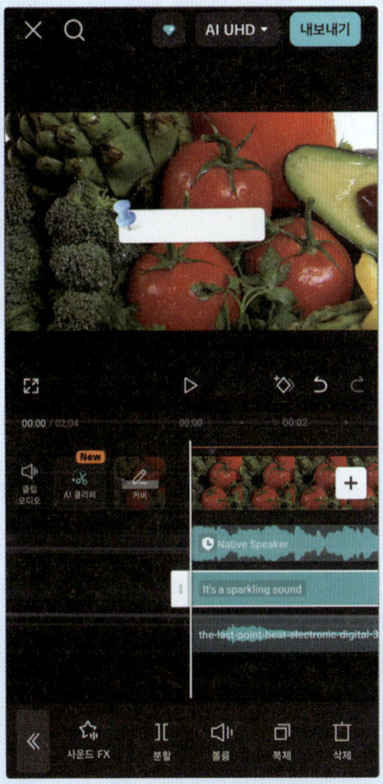

이번 장에서는 배경 음악과 효과음을 추가해 영상의 완성도를 높이는 방법을 알아보겠습니다. 무료 음원 사이트에서 마음에 드는 음악을 다운로드해 캡컷으로 가져오는 방법과 실시간으로 음성을 녹음해 영상에 자연스럽게 추가하는 방법도 함께 살펴봅니다.

01 배경 음악과 효과음 추가하기

▶ 배경 음악 추가하기

01 캡컷 홈 화면에서 텍스트를 추가한 프로젝트를 선택합니다. [오디오( )]를 터치한 후 이어서 [사운드( )]를 터치합니다.

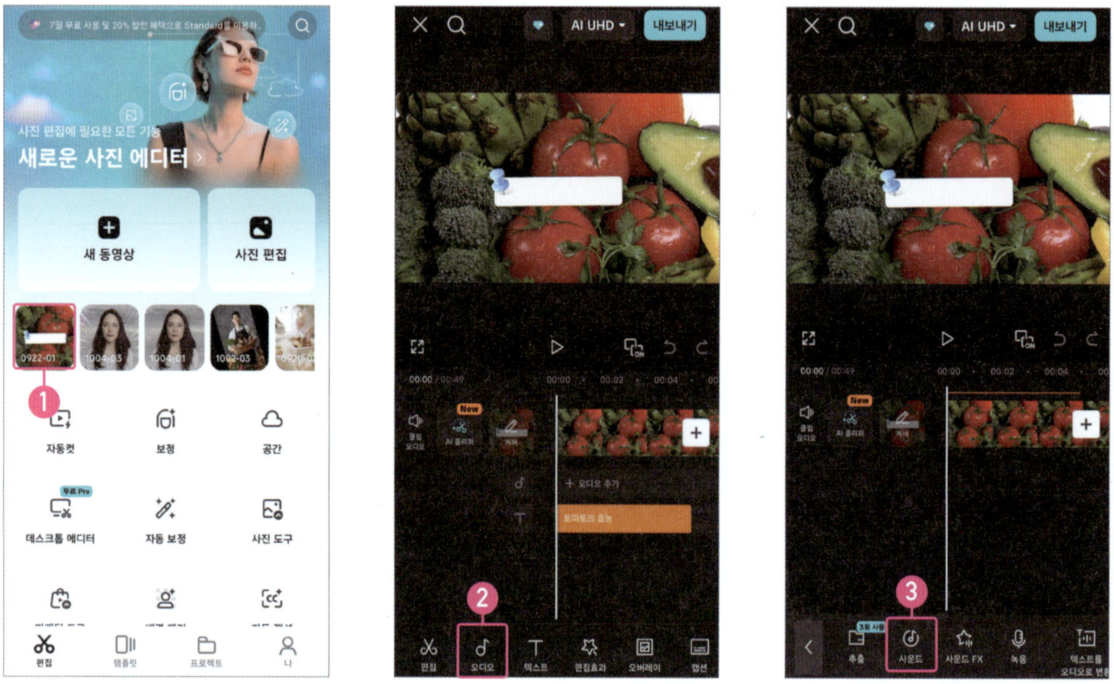

02 상단의 카테고리 중 [마케팅]을 터치합니다. '마케팅'에 어울리는 다양한 음악이 나타나면 음악을 터치해 미리 들어 봅니다. 한 번 더 터치해 미리 듣기를 멈추고 왼쪽 상단의 < 아이콘을 터치합니다.

잠깐

캡컷 음악 상업적 사용 가능 여부 확인하기

상단의 [상업적] 탭을 터치하면 모든 플랫폼에서 사용 가능한 음악과 틱톡 · 캡컷에서만 사용할 수 있는 음악을 확인할 수 있습니다. 또는 오른쪽 상단에 아이콘이 있는 음악을 선택하면, 상업적 사용 가능 여부가 화면 하단에 표시됩니다.

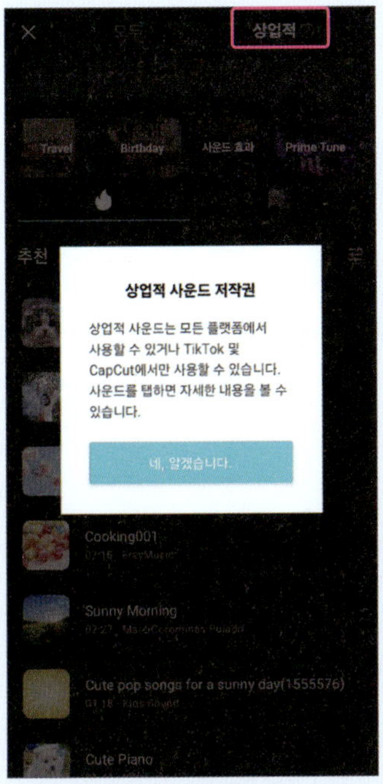

▲ [상업적] 탭 음악 목록

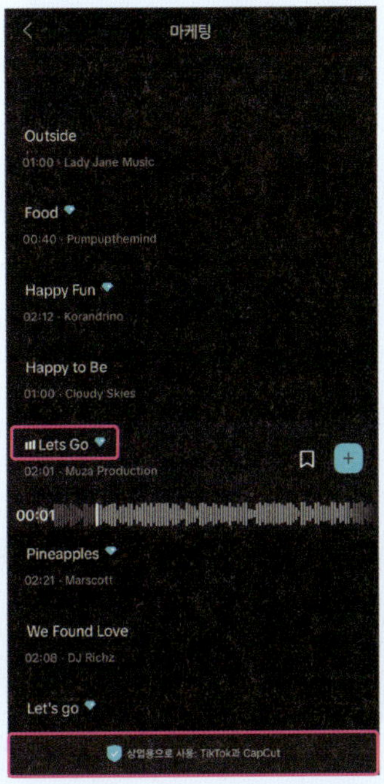

▲ 다이아몬드 아이콘이 표시된 음악

03 음악을 선택하기 어렵다면 탭에서 음악을 선택해도 좋습니다. **음악을 터치**해 미리 들어 본 후 마음에 들면 **오른쪽의 + 버튼을 터치**합니다. 타임라인에 오디오 클립이 생성되었습니다.

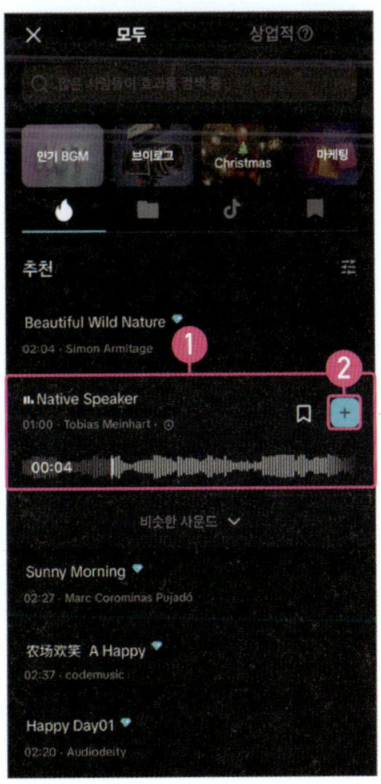

잠깐

추천 음악 검색 조건 설정하기

만약 추천 음악의 검색 조건을 설정하고 싶다면 오른쪽 상단의 아이콘을 터치하여 'Pro'와 '지속 시간(초)'을 설정하고 [적용] 버튼을 터치합니다.

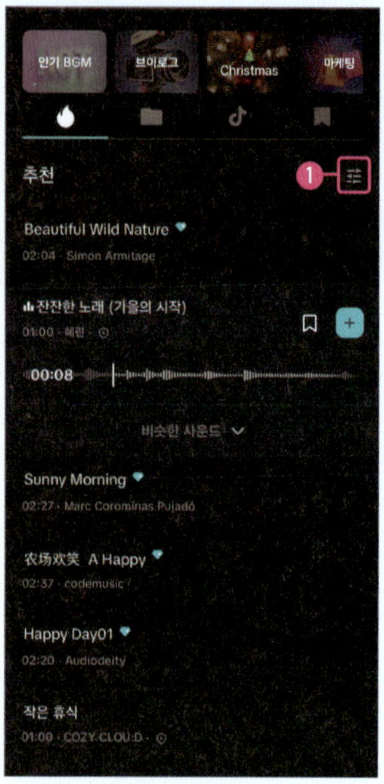

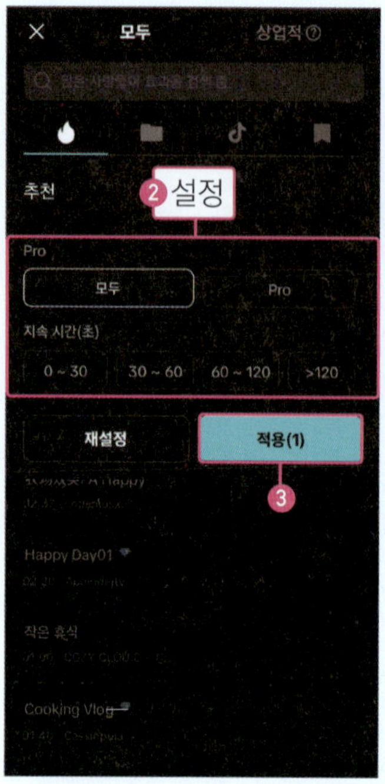

▶ 효과음 추가하기

01 효과음을 추가하기 위해 왼쪽의 버튼을 터치합니다. 이어서 [사운드 FX()]를 터치합니다.

02 탭 목록을 왼쪽으로 드래그합니다. [브이로그] 탭을 선택한 후 마음에 드는 효과음을 터치하여 들어 봅니다. 오른쪽의 + 버튼을 터치하면 타임라인에 효과음 클립이 생성됩니다.

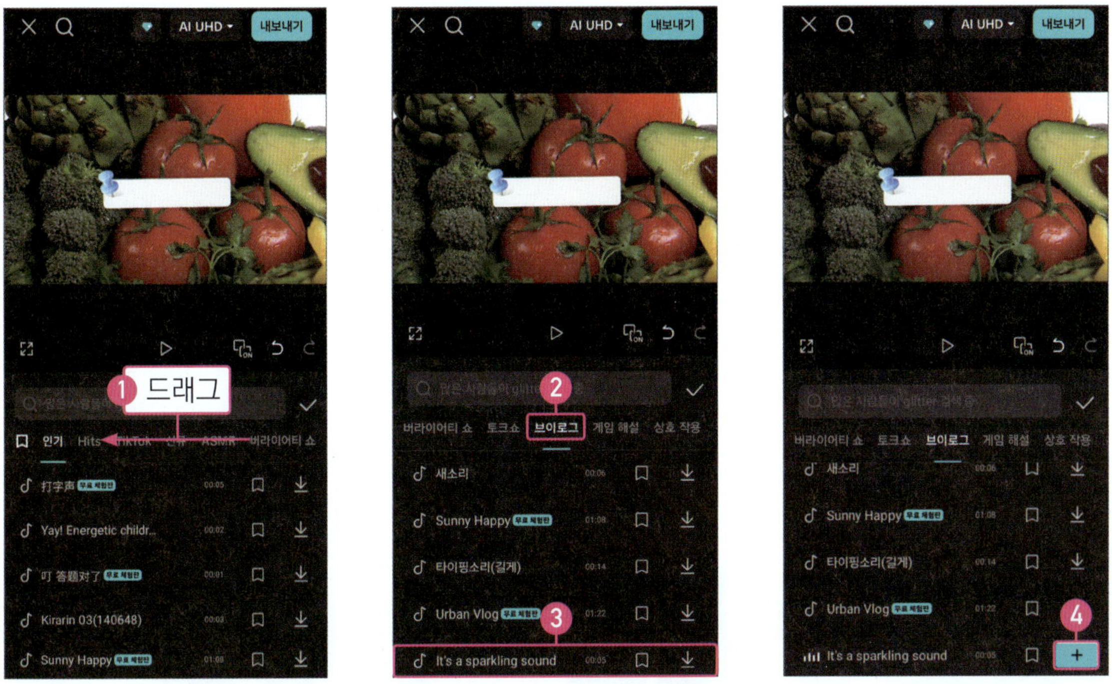

잠깐

자주 사용하는 효과음 즐겨찾기에 추가하고 제거하기

효과음을 즐겨찾기에 추가하고 제거하는 방법을 알아보겠습니다. 예시로 [큐 신호] 탭–[팔로우 알림 "땡"] 효과음 오른쪽의 아이콘을 터치합니다. 좋아하는 자료를 캡컷 당사 서버에 업로드하고 계정에 연결한다는 팝업창이 나타나면 [확인] 버튼을 터치합니다. 탭 목록을 오른쪽으로 드래그하고 아이콘을 터치하면 효과음이 즐겨찾기 목록에 추가되어 있습니다. 아이콘을 터치하면 즐겨찾기가 해제되고 음악이 목록에서 사라집니다.

02 무료 음원 다운로드하고 캡컷에서 편집하기

▶ 무료 음원 다운로드하기

01 이어서 무료 음원을 다운로드해 캡컷 앱으로 불러오는 방법을 알아보겠습니다. [Play 스토어( )] 앱을 실행합니다. 검색창에 '픽사베이'를 검색하고 'Pixabay'의 [설치] 버튼을 터치합니다. 설치가 완료되면 [열기] 버튼을 터치합니다.

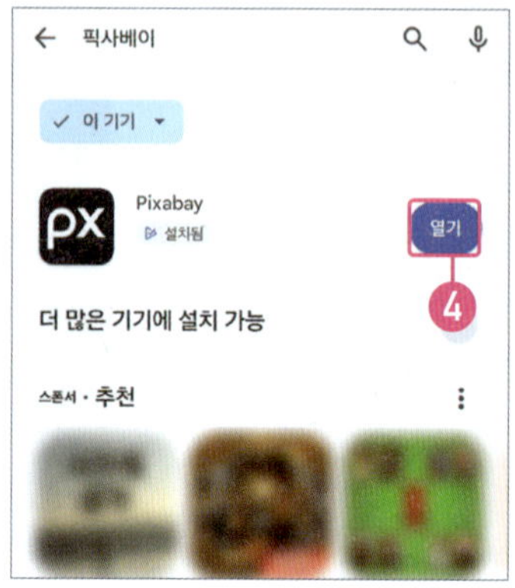

> **잠깐**
>
> **픽사베이(Pixabay)란?**
>
> 픽사베이(Pixabay)는 사진, 동영상, 음원 파일을 무료로 다운로드할 수 있는 앱입니다. 정기적으로 업데이트를 진행하고 있어 학습 시점의 화면이나 메뉴의 구성이 교재 이미지와 다를 수 있습니다.

02 팝업창의 [×] 아이콘을 터치하고 오른쪽 상단의 ☰ 아이콘을 터치합니다. 하단의 [Language]를 터치합니다. 이어서 화면을 위로 스크롤 하고 [한국어]를 선택합니다.

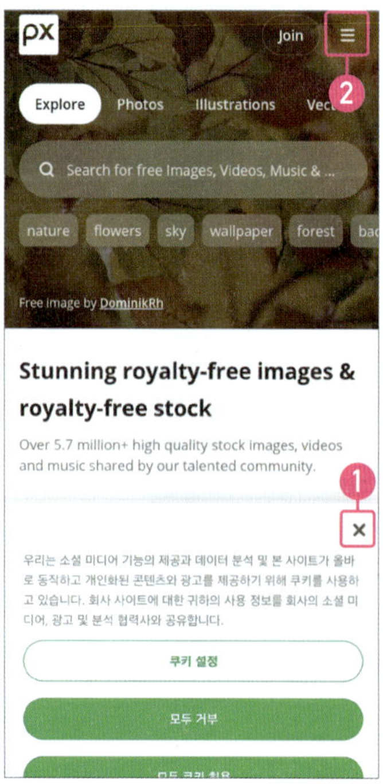

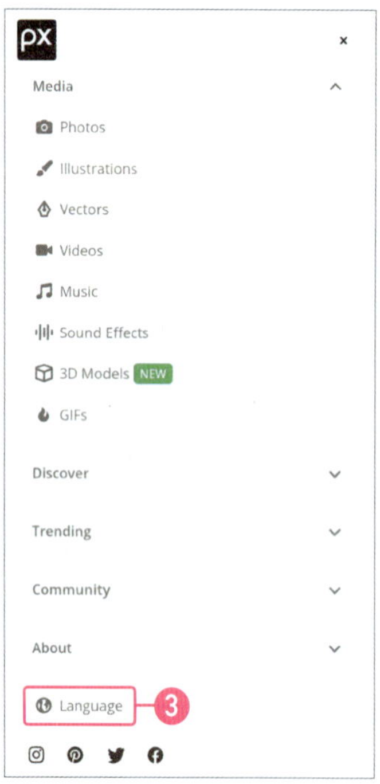

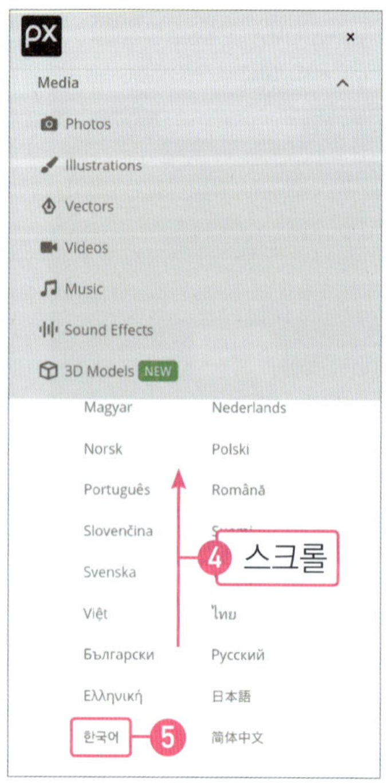

03 상단의 메뉴 목록을 왼쪽으로 드래그합니다. [음악]을 선택하고 화면을 위로 스크롤합니다. 음악 목록이 나타나면 **앨범 이미지를 선택**해 미리 음악을 들어 봅니다.

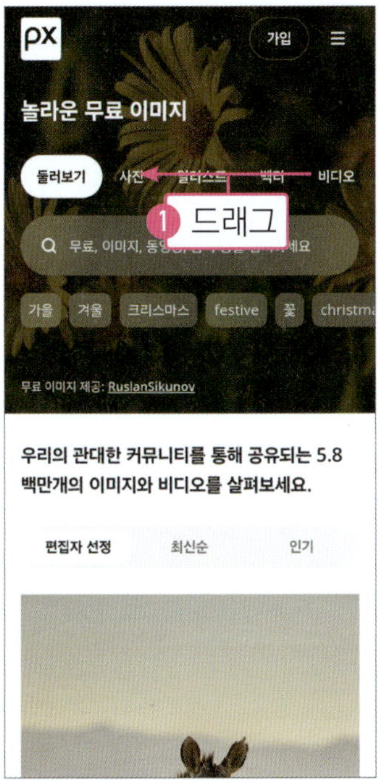

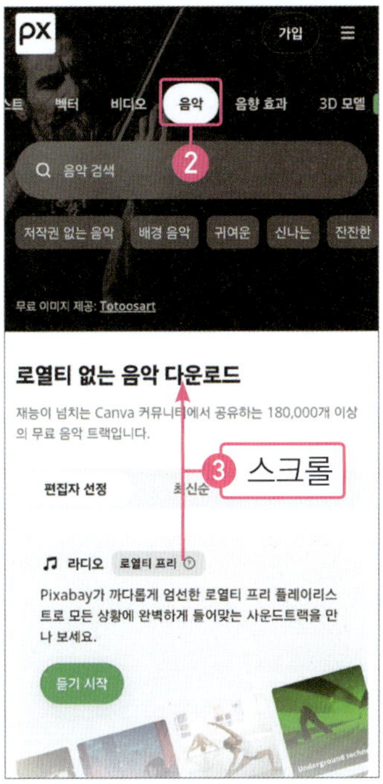

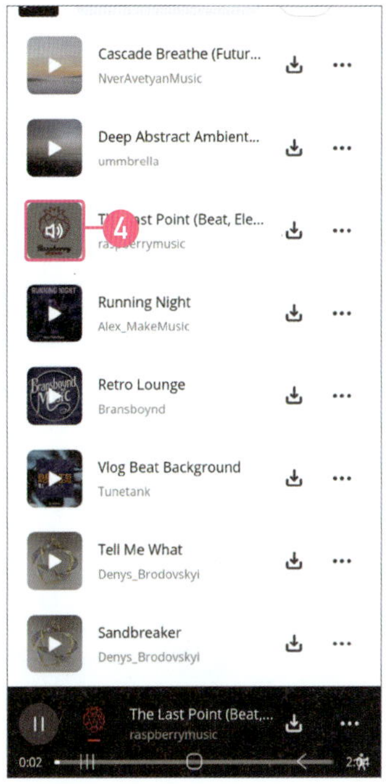

04 음악이 마음에 들면 **앨범 이미지를 다시 한 번 터치**해 음악 재생을 멈춘 후 **오른쪽의** 아이콘을 터치합니다. 음원 파일이 저장되면 **하단의 [홈] 버튼을 터치**합니다.

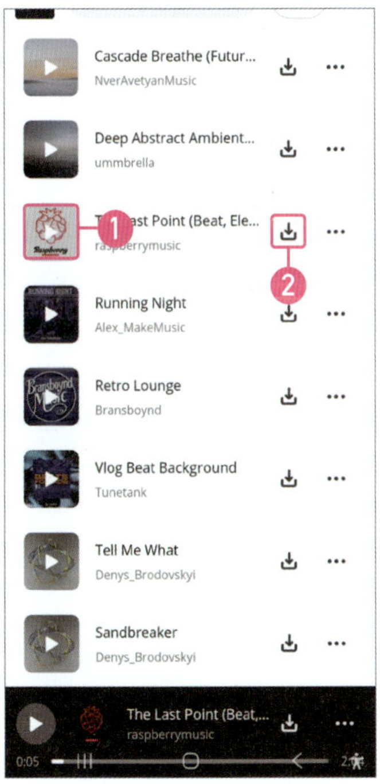

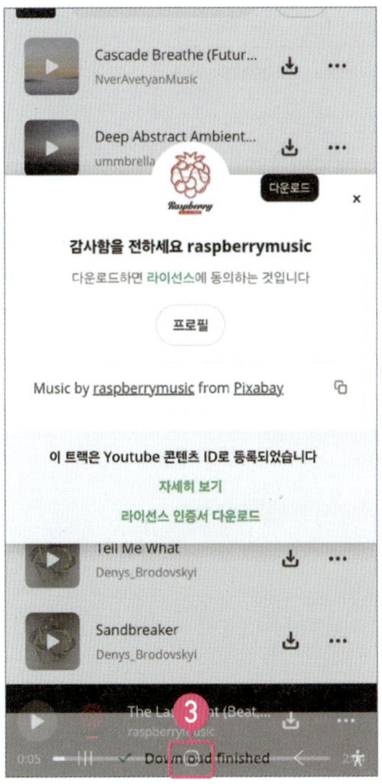

05 [내 파일( )] 앱을 실행합니다. [카테고리]-[오디오 파일( )]을 선택합니다.

06 [Download] 폴더를 선택합니다. 다운로드한 음원 파일을 확인할 수 있습니다.

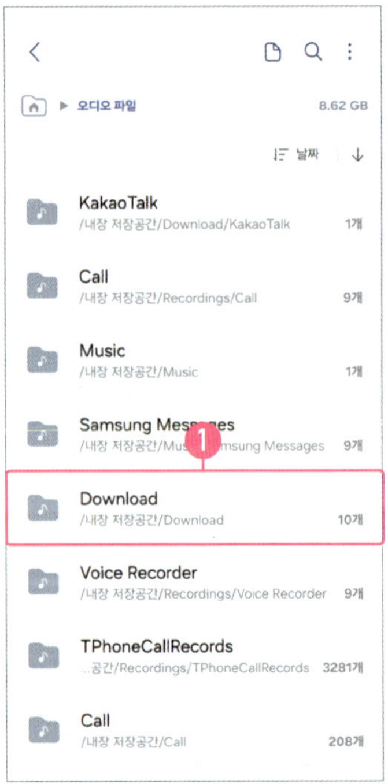

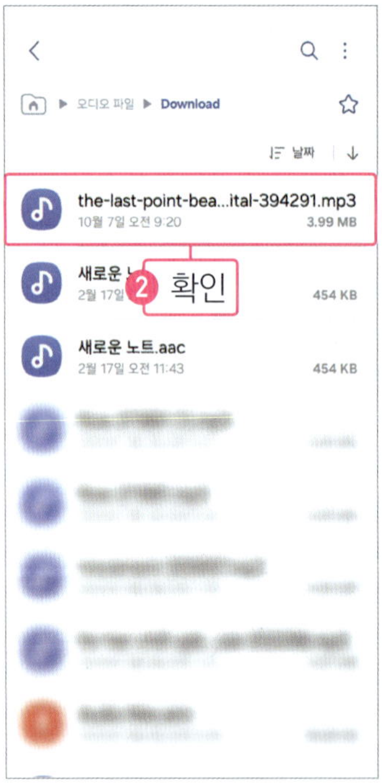

▶ 캡컷 앱에서 다운로드한 음원 파일 불러오기

01 다시 [캡컷( )] 앱을 실행하고 하단의 [오디오( )]를 터치합니다. 이어서 [사운드( )]를 선택합니다.

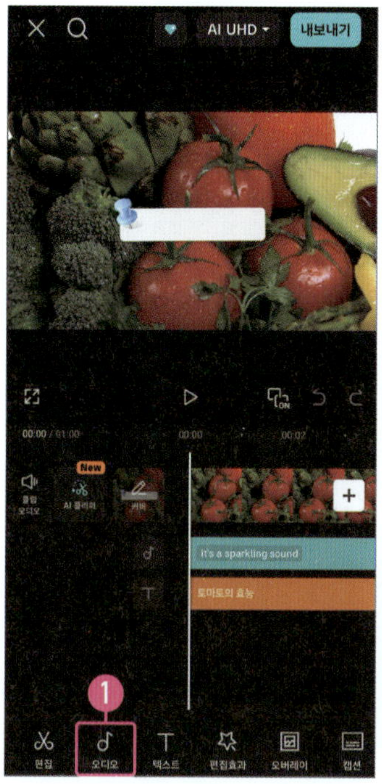

02 탭의 [장치( )]를 터치합니다. CapCut에서 기기의 음악과 오디오에 액세스하도록 허용하겠냐는 창의 [허용]을 터치합니다.

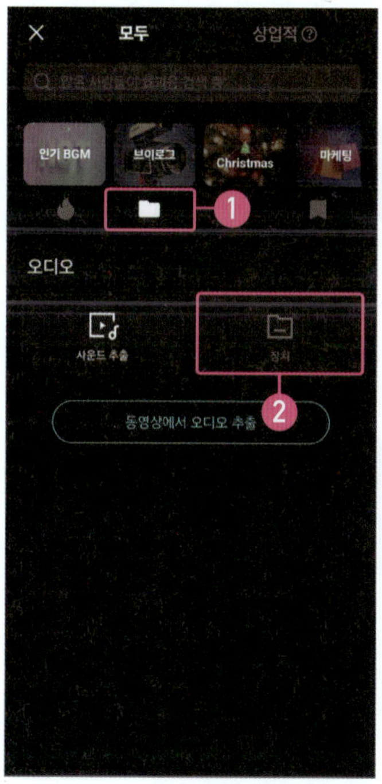

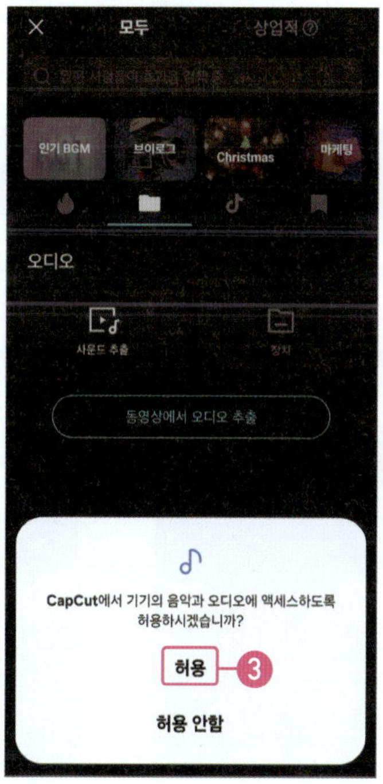

03 다운로드한 음원 파일을 선택하고 오른쪽의 [+] 버튼을 터치하면 오디오 클립이 추가됩니다. 타임라인에 오디오 클립이 세 개나 있으므로, 불필요한 오디오 클립을 각각 선택하고 하단의 [삭제(🗑)]를 터치해 하나의 오디오 클립만 남겨 줍니다.

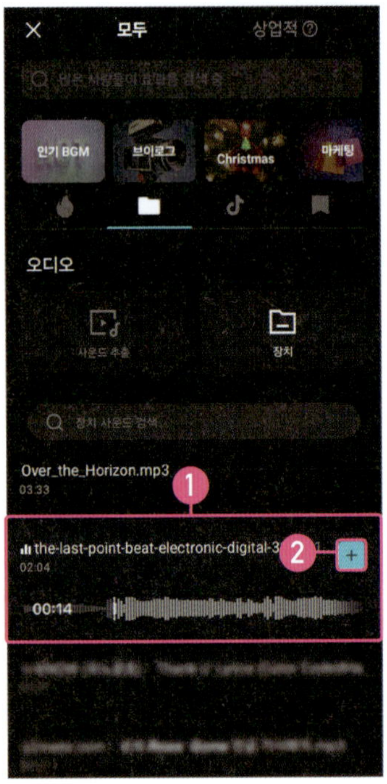

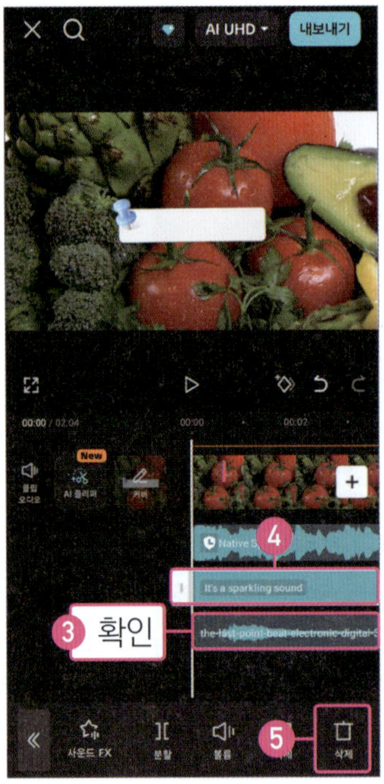

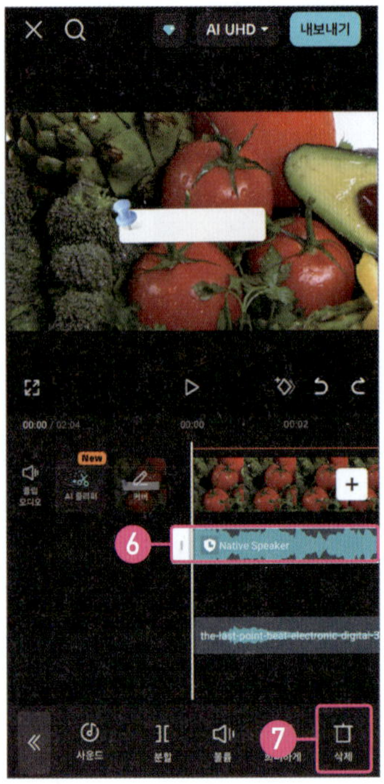

▸ 오디오 클립 편집하기

01 동영상 클립이 끝나는 지점으로 [재생 헤드]를 드래그합니다. 오디오 클립을 선택한 후 하단의 [분할(][)]을 터치합니다. 이어서 [삭제(🗑)]를 터치해 뒤쪽에 불필요한 오디오 클립을 삭제합니다.

▸ 오디오 클립 볼륨 조절하기

01 오디오 클립을 선택하고 [볼륨(🔈)]을 터치합니다. 조절바를 왼쪽으로 드래그해 숫자가 작아질수록 볼륨이 작아지고, 오른쪽으로 드래그해 숫자가 커질수록 볼륨이 커집니다. 볼륨을 조절하였다면 오른쪽 하단의 ☑ 아이콘을 터치합니다.

02 ⏸ 아이콘을 터치해 영상의 재생을 멈춰 줍니다. 배경 음악이 시작하는 부분과 끝나는 부분의 볼륨을 조절하기 위해 하단의 [희미하게(◫)]를 터치합니다. 페이드 인과 페이드 아웃을 '3s(초)'로 설정한 후 오른쪽 하단의 ☑ 아이콘을 터치합니다.

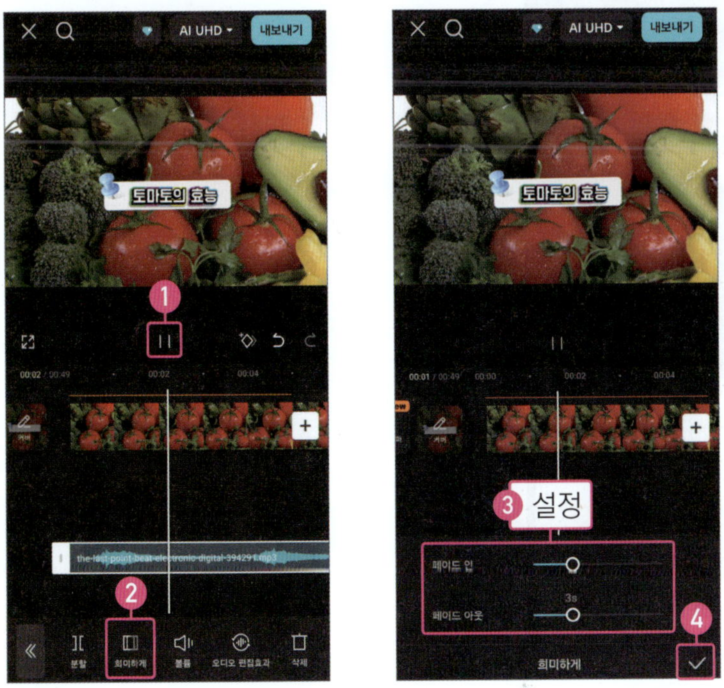

> **잠깐**
> '페이드 인'은 소리가 점점 커지는 효과이고, '페이드 아웃'은 소리가 점점 작아지는 효과입니다. 숫자가 크면 효과가 느리게 적용되고, 숫자가 작으면 효과가 빠르게 적용됩니다.

03 영상에 실시간 음성 녹음 추가하기

01 다시 ⏸ 아이콘을 터치해 영상 재생을 멈추고 영상을 소개하는 음성을 추가하기 위해 하단의 « 버튼을 터치합니다. [녹음(🎙)]을 터치합니다.

02 [재생 헤드]를 녹음할 위치로 드래그한 후 하단의 🎙 버튼을 터치합니다. CapCut에서 오디오를 녹음하도록 허용하겠냐는 창의 [앱 사용 중에만 허용]을 선택합니다.

03 다시 🎙 버튼을 터치합니다. 3초 후에 녹음이 시작됩니다. 녹음이 완료되면 🎙 버튼을 터치하여 녹음을 중지합니다.

04 ☑ 아이콘을 터치합니다. [재생 헤드]를 맨 앞으로 드래그하면 타임라인에 녹음 클립이 생성된 것을 확인할 수 있습니다. 녹음 클립의 편집 방법은 오디오 클립과 동일합니다. 왼쪽 상단의 ☒ 아이콘을 터치해 프로젝트 화면을 닫아 줍니다.

응용력 키우기

01 새 프로젝트를 불러와 [오디오( )]–[사운드( )]에서 상단의 목록을 왼쪽으로 드래그해 [Piano] 카테고리의 음악을 추가한 후, [희미하게( )]에서 '페이드 인/아웃'을 적용해 봅니다.

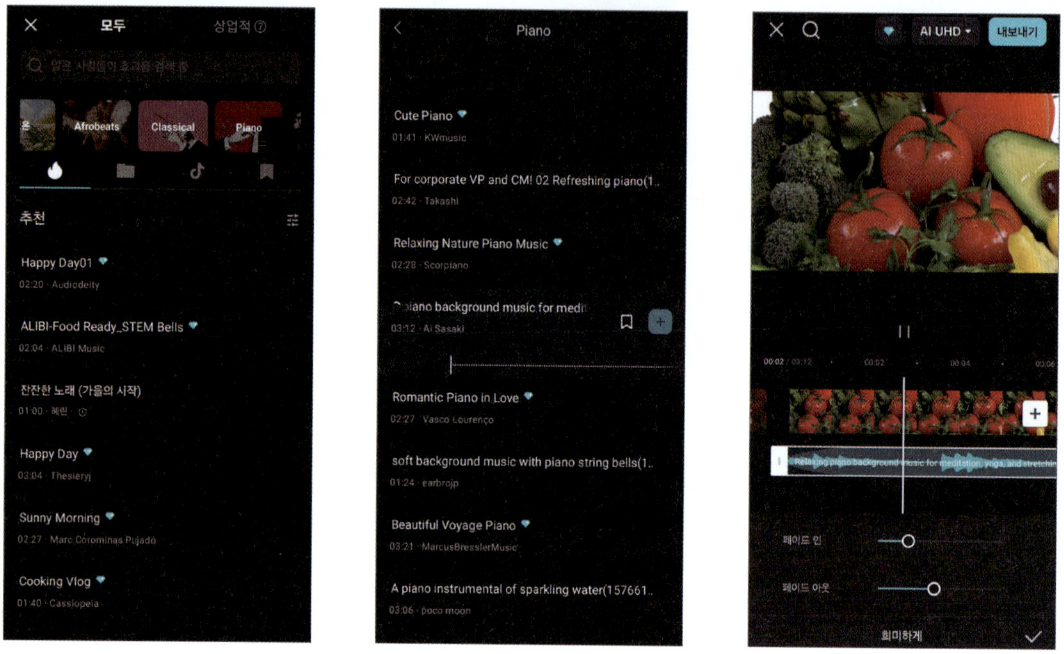

02 [픽사베이( )] 앱을 실행해 '요리'를 검색한 후 원하는 음악을 다운로드합니다. [캡컷( )] 앱을 실행한 후 새 프로젝트에 다운로드한 음원 파일을 추가해 봅니다.

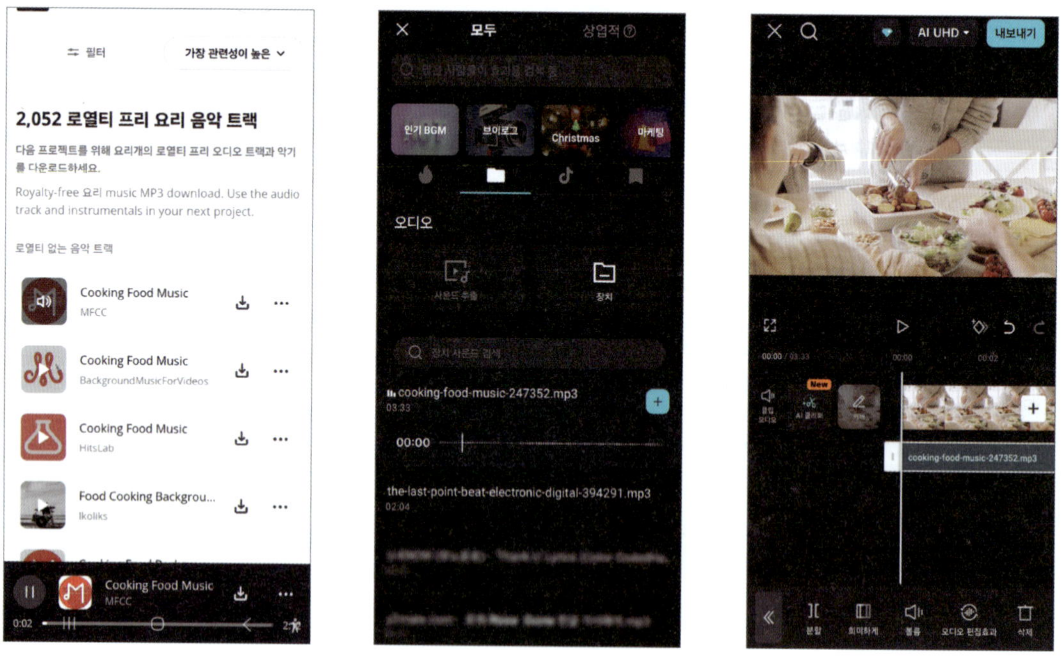

힌트

[오디오( )]–[사운드( )]를 선택한 후 탭의 [장치( )]에서 음원 파일을 선택합니다. 오른쪽의 + 버튼을 터치하면 음원 파일을 추가할 수 있습니다.

06 영상에 필터 적용하고 색감 조정하기

- 영상에 필터 적용하기
- 필터 클립 편집하기
- 영상 색감 조정하기
- 조정값을 사전 설정에 저장하기
- 사전 설정 삭제하기

미/리/보/기

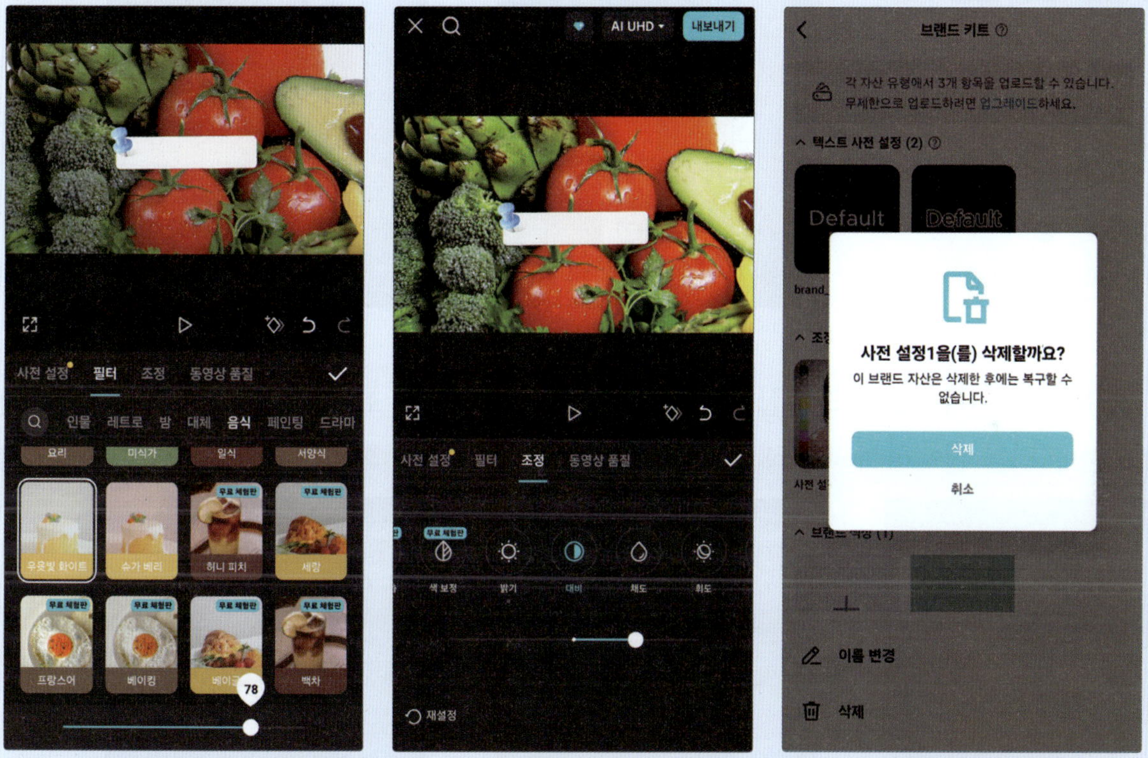

지금까지 불필요한 영상을 삭제하고, 텍스트와 음악을 추가하는 등 기본적인 편집 기능을 살펴보았습니다. 이번 장에서는 영상에 필터를 적용하고, 색감을 조정해 분위기를 바꾸는 방법과 조정값을 사전 설정에 저장·삭제하는 방법을 알아보겠습니다.

01 영상에 필터 적용하고 검색하기

▸ 필터 적용하기

01 캡컷 홈 화면에서 배경 음악을 추가한 프로젝트를 선택합니다. 영상에 필터를 적용하기 위해 도구 패널을 왼쪽으로 드래그하고 [필터(아이콘)]를 터치합니다.

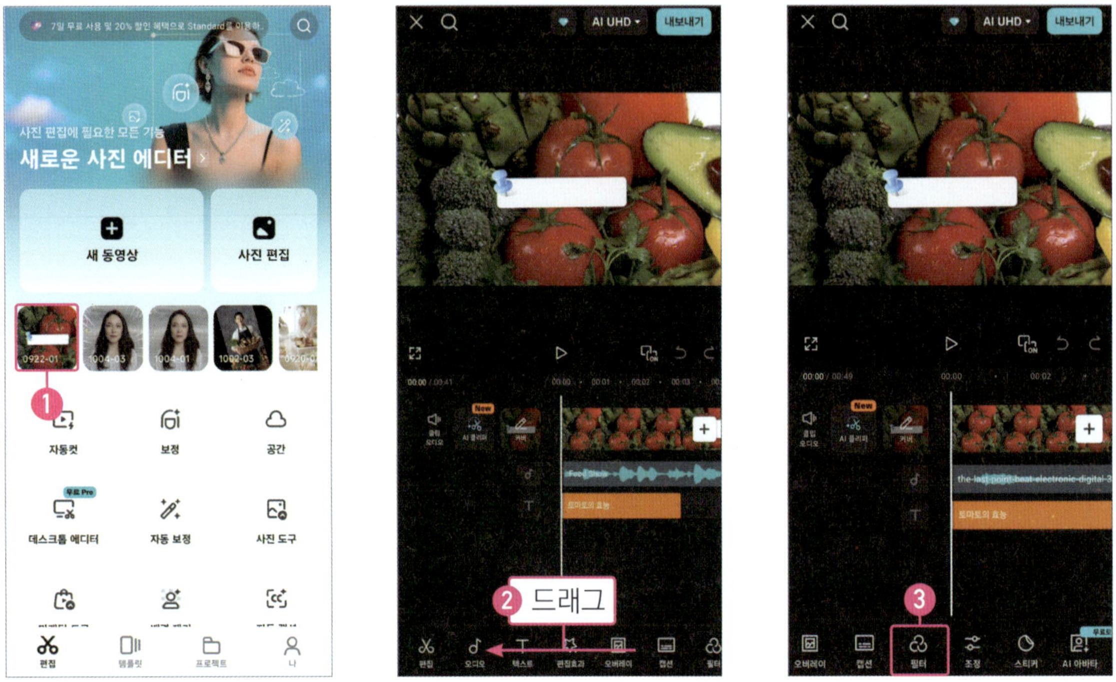

02 탭 목록을 왼쪽으로 드래그합니다. [음식] 탭을 터치한 후 화면을 위로 스크롤하고 마음에 드는 필터를 선택하여 적용해 봅니다. 예제에서는 [우윳빛 화이트] 필터를 선택했습니다.

03 아래 조절바를 왼쪽으로 드래그해 숫자가 작아질수록 필터의 색감이 연해집니다. 반대로 조절바를 오른쪽으로 드래그해 숫자가 커질수록 필터의 색감이 진해집니다. 화면을 아래로 스크롤한 후 ⊘ 버튼을 터치하여 필터 적용을 취소합니다.

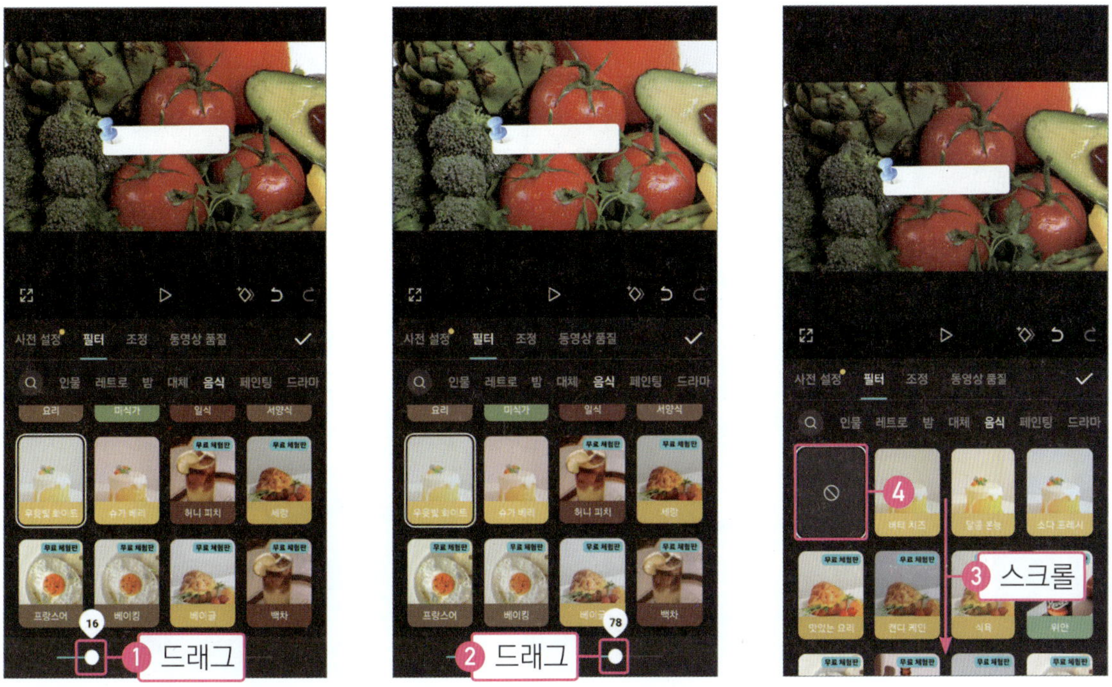

▸ 필터 검색하기

01 원하는 분위기의 단어로 필터를 검색할 수도 있습니다. 왼쪽 끝의 🔍 아이콘을 터치합니다. 검색창에 '밝은'을 입력하고 키보드의 🔍 버튼을 터치합니다. '밝은'과 관련된 필터가 검색 결과로 나타납니다.

02 마음에 드는 필터를 선택하고 조절바를 드래그하여 필터의 색감을 조정해 봅니다. 예제에서는 [산뜻한] 필터를 '90'으로 설정했습니다. 스마트폰 하단의 ◀ 아이콘을 터치하고 ☑ 아이콘을 터치하면 타임라인에 추가된 필터 클립을 확인할 수 있습니다.

잠깐

자주 사용하는 필터 즐겨찾기에 추가하고 제거하기

자주 사용하는 필터를 즐겨찾기에 추가하고 제거하는 방법을 알아보겠습니다. 예시로 [일상] 탭–[한여름 파티] 필터를 길게 터치하면 [즐겨찾기에 추가됨] 메시지 창이 나타납니다. 탭 목록을 오른쪽으로 드래그하고 🔖 아이콘을 터치하면 필터가 즐겨찾기 목록에 추가되어 있습니다. 다시 필터를 길게 터치하면 [즐겨찾기에서 제거됨] 메시지 창이 나타나고 필터가 목록에서 사라집니다.

02 필터 클립 편집하기

▶ 필터 클립 길이 조절하고 삭제하기

01 필터 클립은 영상 클립 하나의 길이만큼 생성됩니다. 타임라인을 축소한 후 필터 클립의 오른쪽 끝부분 테두리를 드래그하여 길이를 늘려 줍니다.

02 [재생 헤드]를 필터 클립 중간으로 드래그한 후 하단의 [분할( )]을 터치하면 필터 클립이 두 개로 나눠집니다. 이어서 [삭제( )]를 터치하면 불필요한 필터 클립을 삭제할 수 있습니다.

▶ 필터 클립 복제하고 삭제하기

01 필터 클립을 선택하고 하단의 [복제(▣)]를 터치하면 동일한 필터 클립이 추가됩니다. 복제된 필터 클립은 같은 영상에 적용되어 필터를 복제할수록 영상의 색감이 진해집니다.

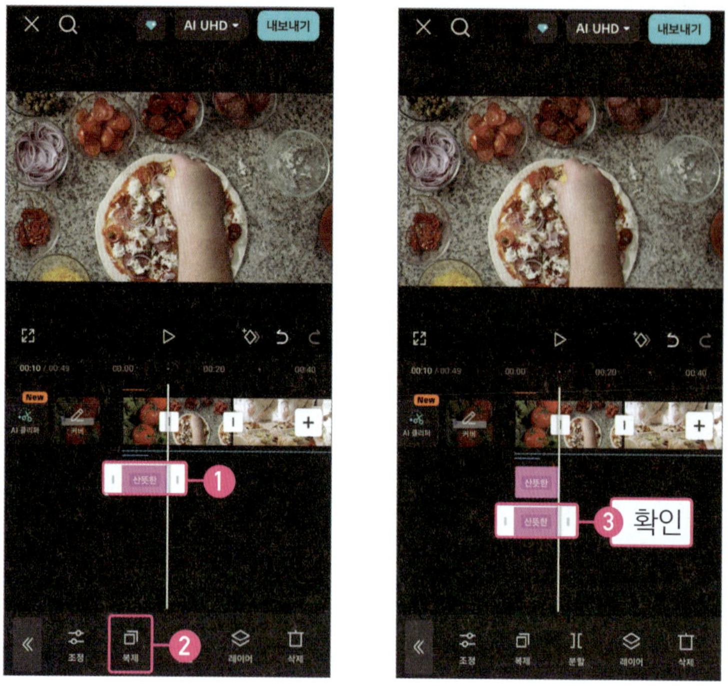

02 다른 영상에 같은 필터를 적용하고 싶다면, 복제한 필터 클립을 다른 영상 클립 아래로 드래그하면 됩니다. 동일한 필터가 적용된 것을 확인하고 [삭제(🗑)]를 터치해 하나의 필터 클립만 남겨 줍니다.

03 이번에는 영상마다 필터를 다르게 적용해 보겠습니다. 두 번째 영상 클립의 시작 부분에서 하단의 [필터(필터 아이콘)]를 터치합니다. [일상] 탭–[울트라 루시드] 필터를 선택한 후 조절바를 드래그해 '80'으로 설정하고 ✓ 아이콘을 터치하면 영상마다 다른 필터가 적용됩니다.

04 이어지는 실습에서 영상의 색감을 조정하는 방법을 배우기 위해 지금까지 적용한 필터를 각각 선택한 후 [삭제(삭제 아이콘)]를 터치합니다. [재생 헤드]를 맨 앞으로 드래그한 후 왼쪽 하단의 < 버튼을 터치합니다.

03 영상 색감 조정하기와 사전 설정 관리하기

▸ 밝기, 대비, 온도 조정하기

01 [조정( )]을 터치합니다. 다양한 조정 목록 중 [밝기( )]를 터치합니다. 조절바를 왼쪽으로 드래그해 숫자가 작아질수록 화면이 어두워지고, 반대로 조절바를 오른쪽으로 드래그해 숫자가 커질수록 화면이 밝아집니다. 밝기를 '25'로 설정합니다.

02 이어서 [대비( )]를 터치합니다. 조절바를 왼쪽으로 드래그해 숫자가 작아질수록 대비의 차이가 줄어들고, 반대로 조절바를 오른쪽으로 드래그해 숫자가 커질수록 대비의 차이가 커집니다. 대비를 '25'로 설정합니다.

03 [조정] 탭의 메뉴를 왼쪽으로 드래그합니다. [온도( )]를 터치한 후 조절바를 왼쪽으로 드래그해 숫자가 작아질수록 파란 계열의 색감이 강해지고, 조절바를 오른쪽으로 드래그해 숫자가 커질수록 빨강 계열의 색감이 강해집니다. 온도를 '20'으로 설정하고 ☑ 아이콘을 터치합니다.

04 조정을 다중으로 설정해도 타임라인에는 하나의 클립만 생성됩니다. 조정값을 재설정하고 싶다면 다시 [조정( )]을 터치합니다. 왼쪽 하단의 [재설정( )]을 터치합니다. 모든 조정을 실행 취소할 것이냐고 묻는 창의 [확인] 버튼을 터치합니다.

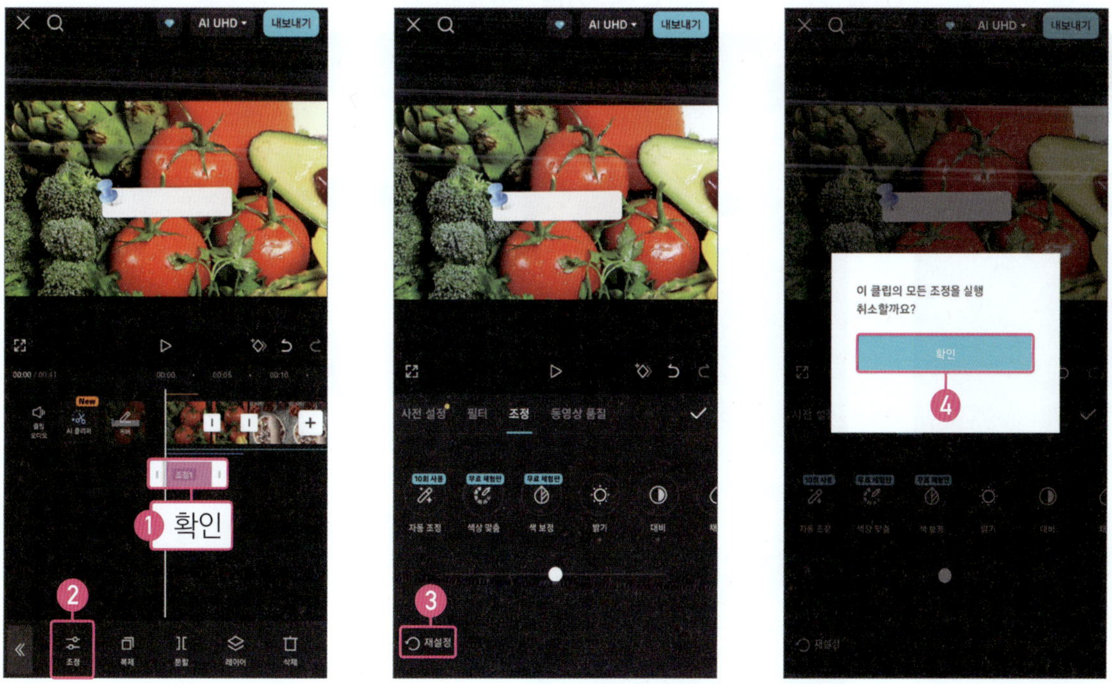

▶ 조정값을 사전 설정에 저장하고 삭제하기

01 [조정] 탭은 [필터] 탭과 달리 즐겨찾기에 추가하는 기능이 없습니다. 하지만 조정값을 사전 설정에 등록해 놓을 수 있습니다. [조정] 탭에서 **밝기는 '20', 선명하게는 '50', 비네트는 '20'으로 설정**합니다.

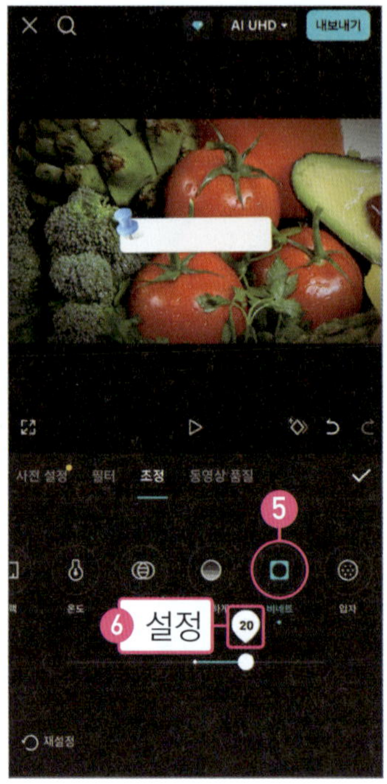

02 **왼쪽 끝의 [사전 설정] 탭을 터치**한 후 **[+ 사전 설정으로 저장] 버튼을 터치**합니다. 잠시 기다리면 목록에 [사전 설정1]이 나타납니다. 사전 설정을 삭제하기 위해 **왼쪽 상단의 ✕ 아이콘을 터치**합니다. 홈 화면에서 **[공간(☁)]을 터치**합니다.

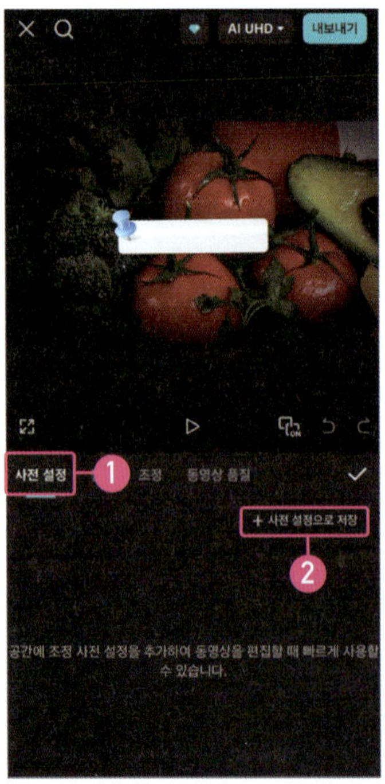

03 상단의 [공간( )]을 터치합니다. 사용 가능한 저장 용량이 없다고 안내하는 창의 [취소] 버튼을 터치한 후 팝업창의 [다음] 버튼을 터치합니다. 작업 중에 저장해 놓은 스티커, 글꼴, 음악 등의 자료가 정리되어 있는 [브랜드 키트( )]를 터치합니다.

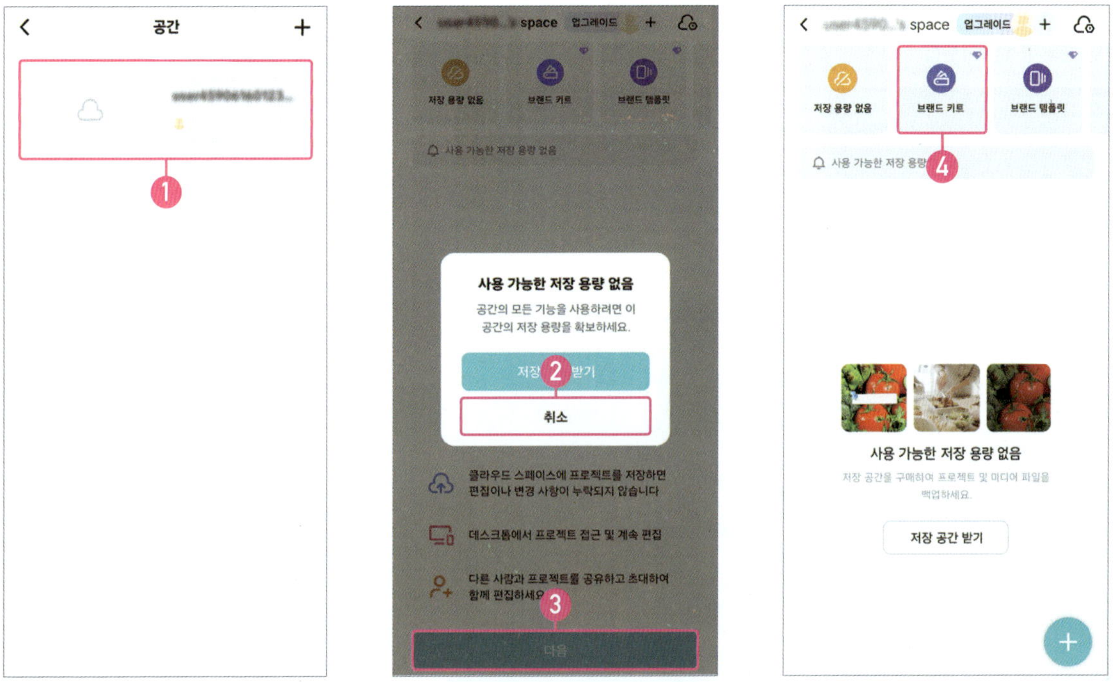

> **잠깐** 캡컷 무료 사용자는 [공간( )]을 터치했을 때 '사용 가능한 저장 용량 없음'으로 표시됩니다.

04 '브랜드 키트' 화면을 위로 스크롤한 후 '조정 사전 설정 (1)' 목록에서 '사전 설정1'의 ⋮ 아이콘을 터치합니다. [삭제( )]를 터치합니다. 삭제한 후에는 복구할 수 없다는 안내창의 [삭제] 버튼을 터치하면 사전 설정이 삭제됩니다.

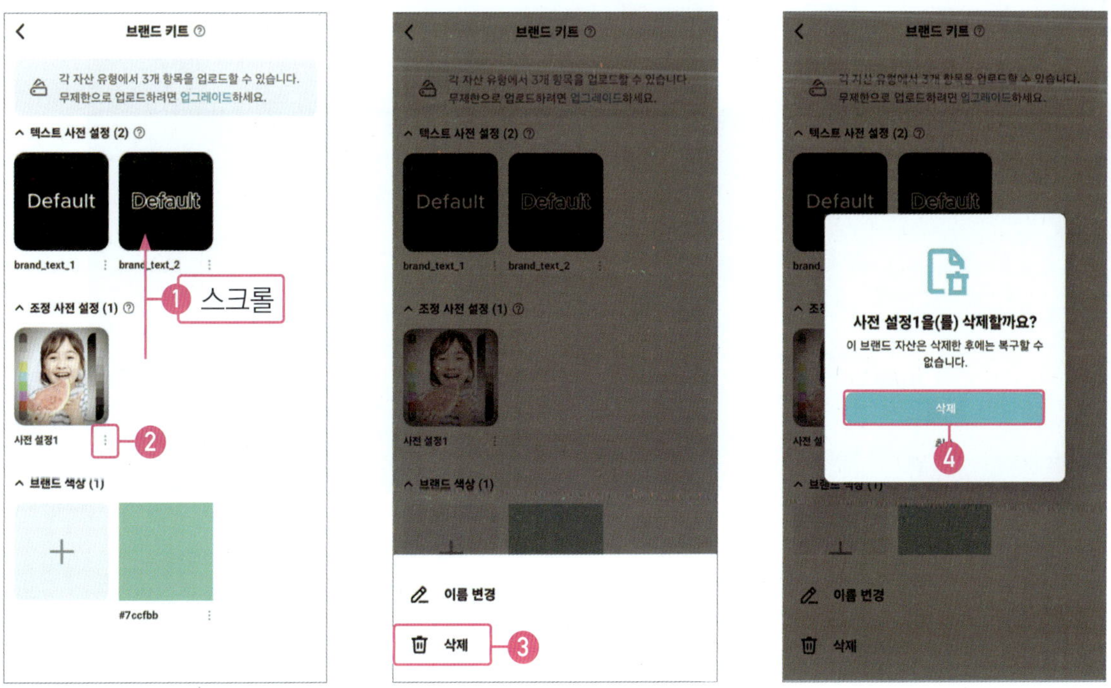

응용력 키우기

01 새 프로젝트를 불러와 [필터( )]에서 [풍경] 탭–[만화 비전] 필터를 선택하고, 값을 '100'으로 설정해 봅니다.

02 이어서 [조정( )]의 밝기를 '27', 대비는 '34', 온도를 '-15'로 설정한 후 사전 설정으로 등록해 봅니다.

07 인물 사진 보정하기와 배경 제거하기

- 얼굴 보정하기
- 몸 보정하기
- 얼굴 표정 변경하기
- 사진 스타일 변경하기
- 배경 제거하기
- 크로마키 사진 편집하기

미/리/보/기

이번 장에서는 인물 중심의 사진이나 영상을 자연스럽게 보정할 때 활용할 수 있는 기능에 대해 알아보겠습니다. 또한, 크로마키 기법으로 촬영한 사진의 배경을 자유롭게 변경하고 꾸미는 방법을 함께 살펴봅니다.

01 인물 사진 보정 및 스타일 변경하기

▶ 얼굴 보정하기

01 얼굴이 잘 나오게 사진을 촬영하고 [캡컷( )] 앱을 실행합니다. [+ 새 동영상] 버튼을 터치하여 얼굴 사진을 불러온 후 하단의 [편집( )]을 터치합니다. 도구바를 왼쪽으로 드래그하여 [보정( )]을 터치합니다. 인식 허용 여부를 묻는 창의 [허용] 버튼을 터치합니다.

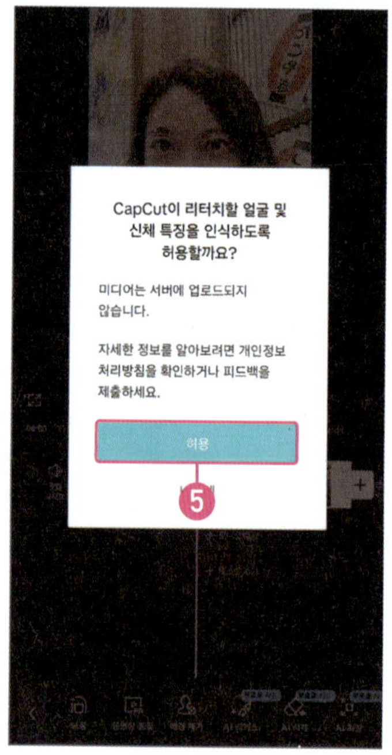

02 [얼굴( )]을 터치합니다. [얼굴] 탭을 터치하고 메뉴바를 왼쪽으로 드래그한 후 [부드럽게( )]를 '50'으로 설정해 피부의 잡티를 가려 줍니다. 이어서 [미백( )]을 '60'으로 설정해 피부를 환하게 만들어 줍니다. 사진에 따라 자유롭게 설정해도 좋습니다.

03 얼굴 모양을 변경하기 위해 [모양 변경] 탭을 터치합니다. [얼굴] 탭에서 [슬림한(●)]을 '20'으로 설정합니다. 이어서 코를 높이기 위해 메뉴바를 왼쪽으로 드래그하고 [콧날(●)]을 '20'으로 설정합니다.

04 화장한 것 같이 연출하기 위해 [메이크업] 탭을 터치한 후 [스윗 아이돌]을 '60'으로 설정합니다. 다른 메이크업 필터를 적용해도 좋습니다. 보정이 마음에 들면 ☑ 아이콘을 터치하고 왼쪽 상단의 ☒ 아이콘을 터치해 프로젝트 화면을 닫아 줍니다.

▲ 보정 전

▲ 보정 후

▸ 몸 보정하기

01 전신이 잘 나오게 촬영하고 [캡컷(✂)] 앱을 실행합니다. [+ 새 동영상] 버튼을 터치해 전신 사진을 불러온 후 하단의 [편집(✂)]을 터치합니다. 도구바를 왼쪽으로 드래그하고 [보정( )]을 터치합니다. 이어서 [몸( )]을 터치합니다.

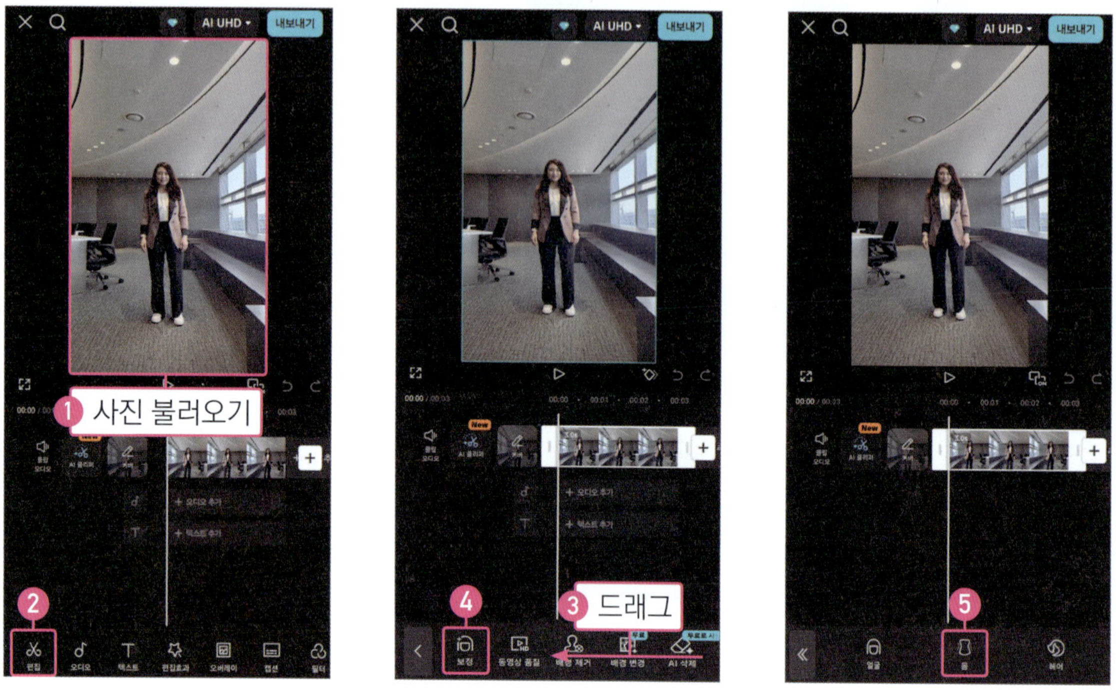

02 [자동] 탭에서는 '다리', '허리', '머리' 등을 한 번에 자동으로 보정할 수 있지만, 세밀한 편집은 어려우니 참고합니다. 몸통을 가늘게 줄이기 위해 [몸( )]을 '50'으로 설정합니다. 이어서 [허리( )]를 '80', [다리 길게( )]를 '50'으로 설정합니다. 사진에 따라 자유롭게 설정해도 좋습니다.

03 세밀하게 몸을 보정하기 위해 [수동] 탭을 터치하고 [늘리기( )]를 선택한 후 **노란색 선 위의 화살표 아이콘을 드래그**해 위치와 범위를 지정합니다. **조절바를 왼쪽으로 드래그**해 '-50'에 가까울수록 지정한 부분의 길이가 짧아지고, **조절바를 오른쪽으로 드래그**해 '50'에 가까울수록 지정한 부분의 길이가 길어집니다. 예제에서는 '30'으로 설정했습니다.

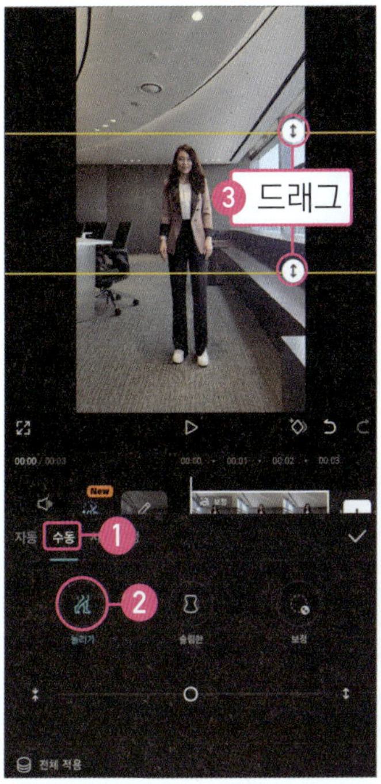

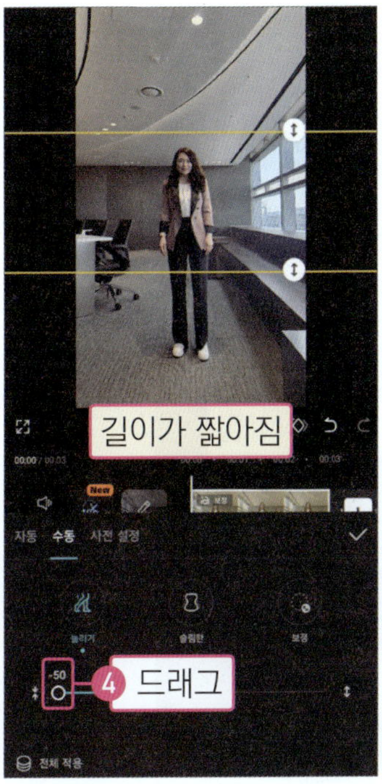

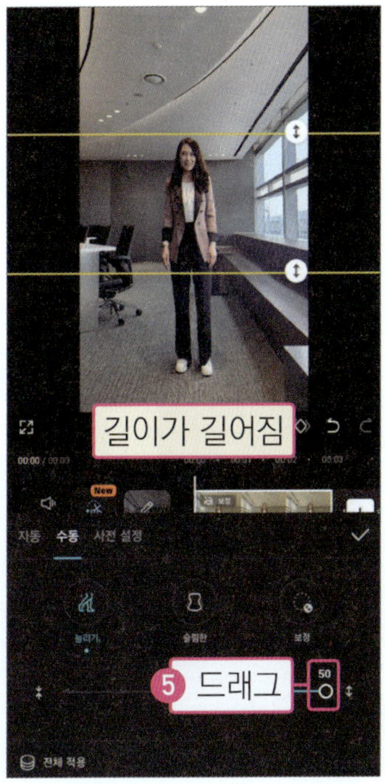

04 이번에는 [슬림한( )]을 선택하고, **양옆 위아래의 화살표 아이콘을 드래그**해 효과를 적용할 영역을 지정합니다. **조절바를 왼쪽으로 드래그**해 '-50'에 가까울수록 지정한 부분이 통통하게 늘어나고, **조절바를 오른쪽으로 드래그**해 '50'에 가까울수록 날씬하게 줄어듭니다. 예제에서는 '10'으로 설정하였습니다.

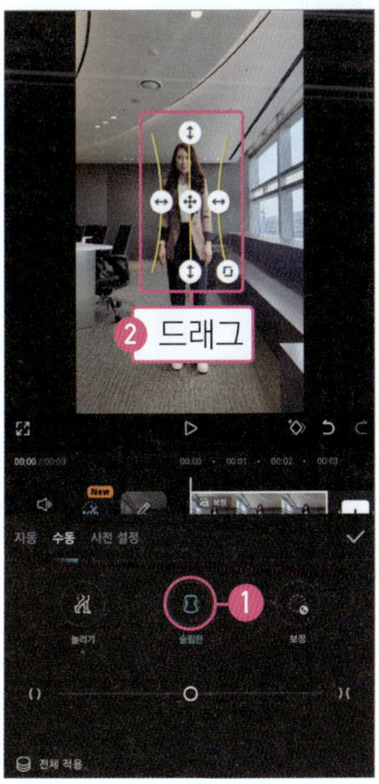

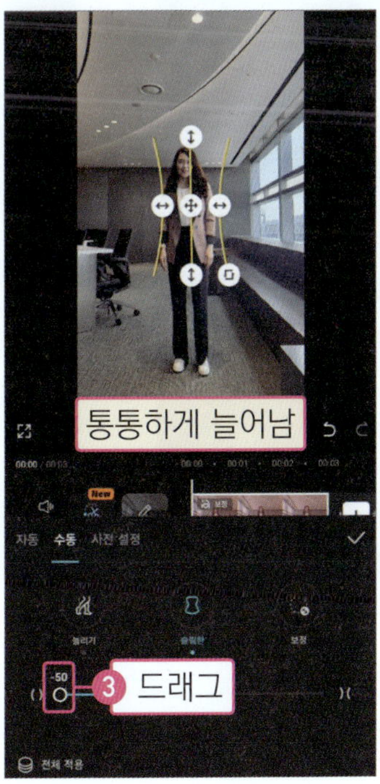

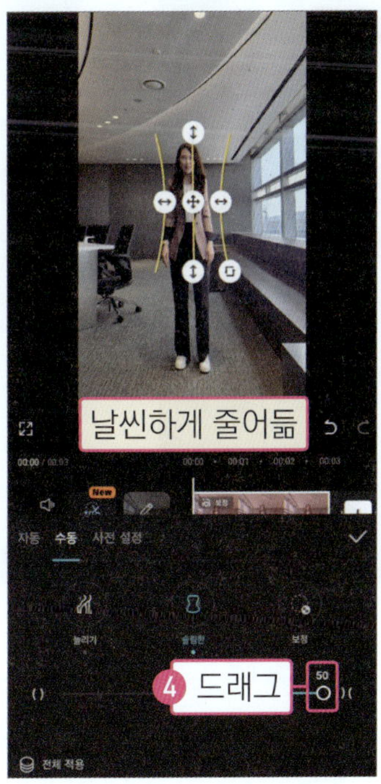

05 다음은 [보정(●)]을 선택하고 노란색 원과 화살표 아이콘을 드래그해 머리 부분의 영역을 지정합니다. 조절바를 왼쪽으로 드래그해 '-50'에 가까울수록 머리의 크기가 작아지고, 조절바를 오른쪽으로 드래그해 '50'에 가까울수록 머리의 크기가 확대되어 커집니다. 예제에서는 '-7'로 설정했습니다.

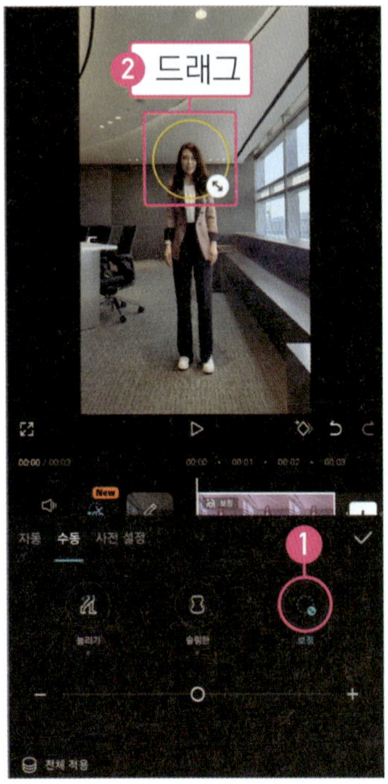

06 ☑ 아이콘을 터치하고 왼쪽 상단의 ☒ 아이콘을 터치해 프로젝트 화면을 닫아 줍니다.

▲ 보정 전

▲ 보정 후

잠깐 예제에서는 보정할 때 사진 파일을 사용했지만, 얼굴이 명확하게 인식된다면 동영상 파일에서도 인물 보정 기능을 사용할 수 있습니다.

▶ 얼굴 표정과 사진 스타일 변경하기

01 이번에는 얼굴 표정을 바꾸거나, 사진의 스타일을 변경하는 기능에 대해 알아보겠습니다. ▶ **얼굴 보정하기**에서 작업한 프로젝트를 불러온 후 하단의 [편집(✂)]을 터치합니다. 이어서 [편집효과(☆)]를 선택한 후 [스타일(⬡)]을 터치합니다.

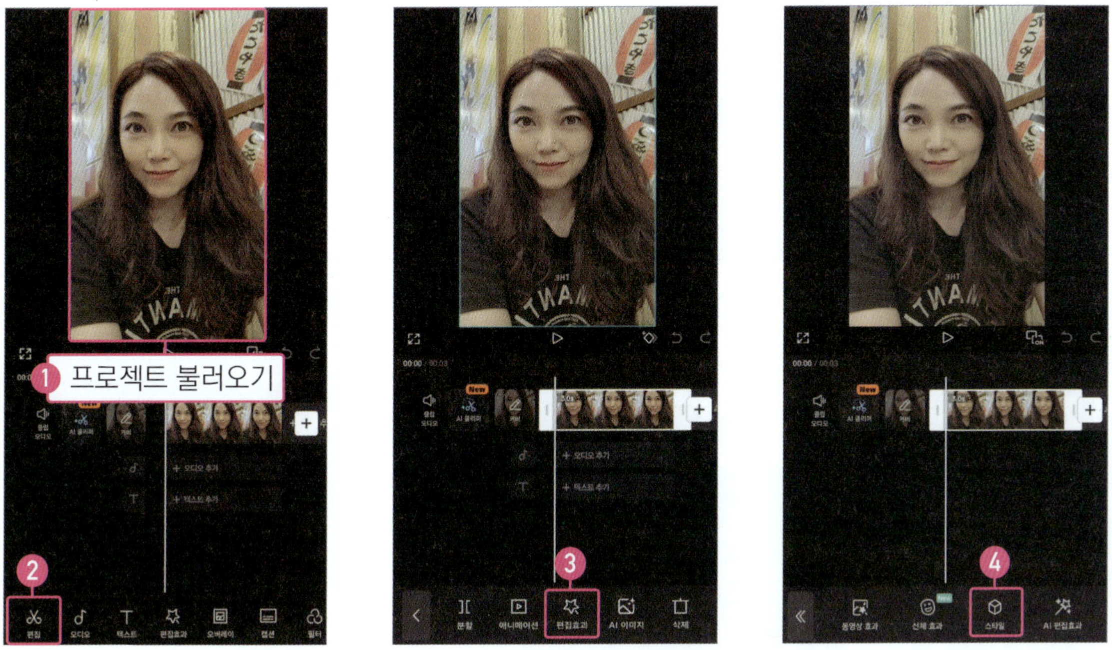

02 '권한 요청' 창의 [허용] 버튼을 터치합니다. 탭 목록을 왼쪽으로 드래그해 [표정] 탭–[보조개 웃음] 스타일을 선택하면 얼굴 표정이 달라집니다. 그리고 [인물] 탭–[만화] 스타일을 선택하면 사진의 스타일이 변경됩니다.

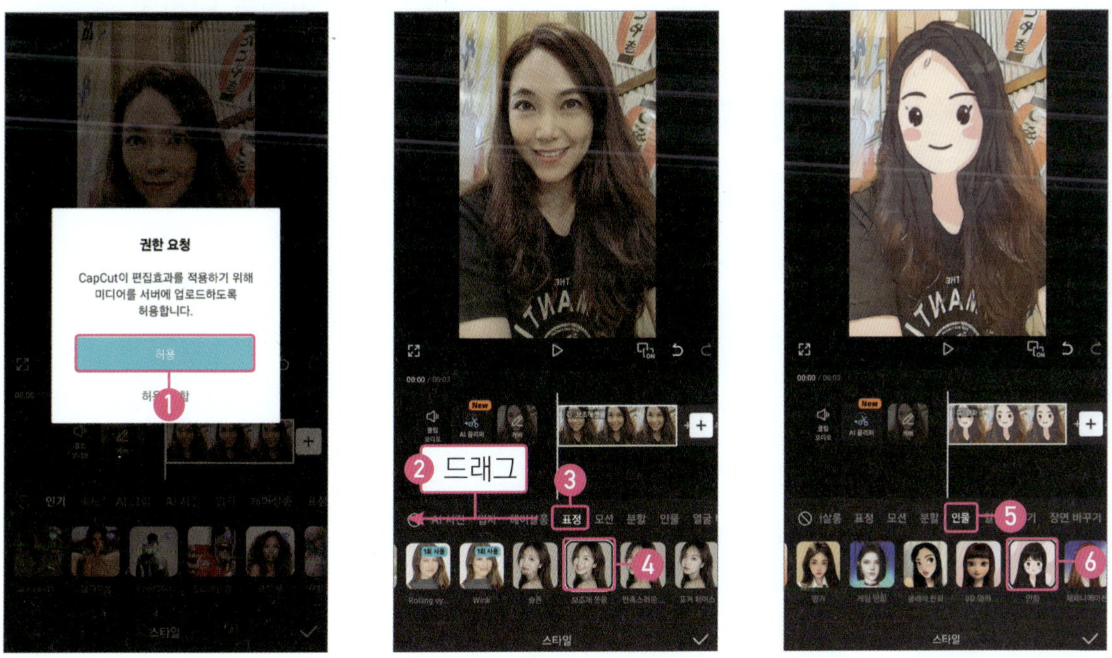

> **잠깐** 스타일(⬡)은 대부분의 기능이 사진에만 적용되므로, 영상 관련 기능은 생략하겠습니다.

▸ 횟수 제한이 있는 필터 사용하기

01 횟수 제한이 있는 필터의 사용 방법을 알아보겠습니다. 탭 목록을 오른쪽으로 드래그하고 [AI 그림] 탭을 터치합니다. 오른쪽 상단에 **10회 사용**과 같이 횟수가 표시되어 있는 스타일을 선택해 봅니다. 예제에서는 'Auto Fill Ⅱ' 스타일을 선택했습니다. 'AI 편집효과 무료 사용' 창의 [확인] 버튼을 터치합니다.

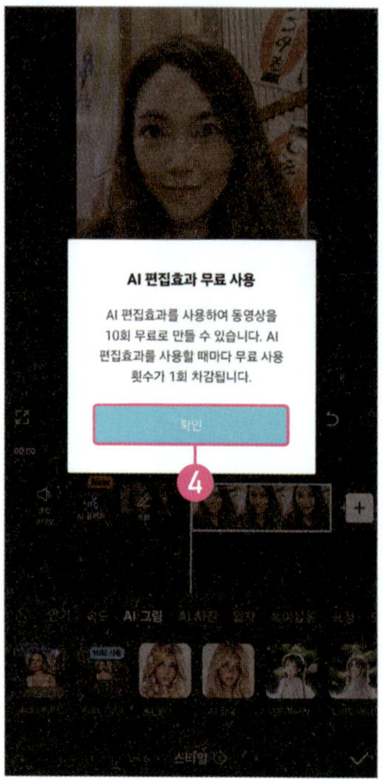

02 스타일이 적용되기까지 잠시 기다립니다. 무료 사용 횟수 1회가 차감되고 스타일이 적용됩니다. 오른쪽 하단의 ☑ 아이콘을 터치하고 왼쪽 상단의 ☒ 아이콘을 터치해 프로젝트 화면을 닫아 줍니다.

02 사진 배경 제거하기

▶ 자동 삭제로 배경 제거하기

01 사진에 찍힌 지저분한 배경을 제거하는 방법에 대해 알아보겠습니다. ▶ **몸 보정하기**에서 작업한 프로젝트를 불러온 후 하단의 [편집(✂)]을 터치합니다. 도구바를 왼쪽으로 드래그하고 [배경 제거(👤)]를 터치합니다.

> **잠깐**
> 예제에서는 사진 파일을 사용했지만, 동영상 파일에서도 '배경 제거' 기능을 사용할 수 있습니다.

02 [자동 삭제(👤)]를 터치하면 인물을 제외한 배경이 삭제됩니다.

> **잠깐**
> 이 기능은 AI가 배경을 인식해 작업하기 때문에, 피사체와 배경의 구분이 명확하지 않은 사진은 배경이 깨끗하게 제거되지 않습니다. 또한 배경을 제거한 프로젝트를 내보내려면 7일 무료 체험을 시작하거나 유료 회원으로 전환해야 합니다.

03 배경이 제거된 상태에서 [획( )]을 터치하면 포즈를 강조하는 윤곽선을 만들 수 있습니다. [직선 스트로크] 스타일을 선택하고 색상바를 왼쪽으로 드래그합니다. 원하는 색상을 선택해 윤곽선에 디자인 효과를 추가합니다.

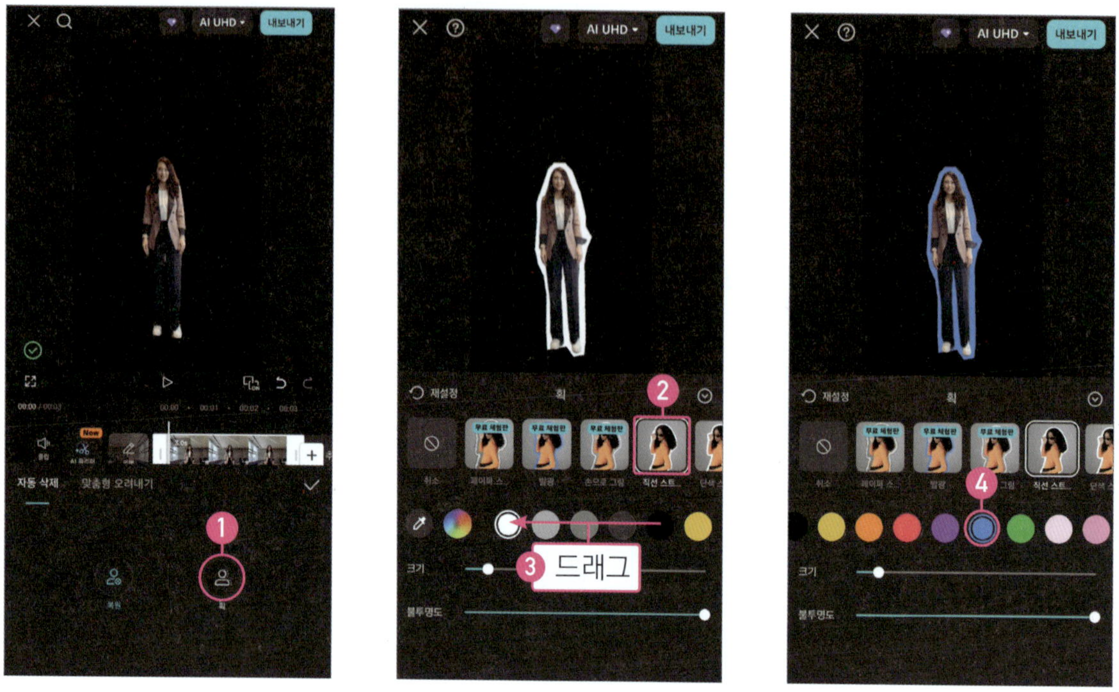

04 크기 조절바는 윤곽선의 두께를 조절할 수 있습니다. 조절바를 오른쪽으로 드래그해 숫자가 커질수록 윤곽선이 두꺼워지고, 조절바를 왼쪽으로 드래그해 숫자가 작아질수록 윤곽선이 얇아집니다.

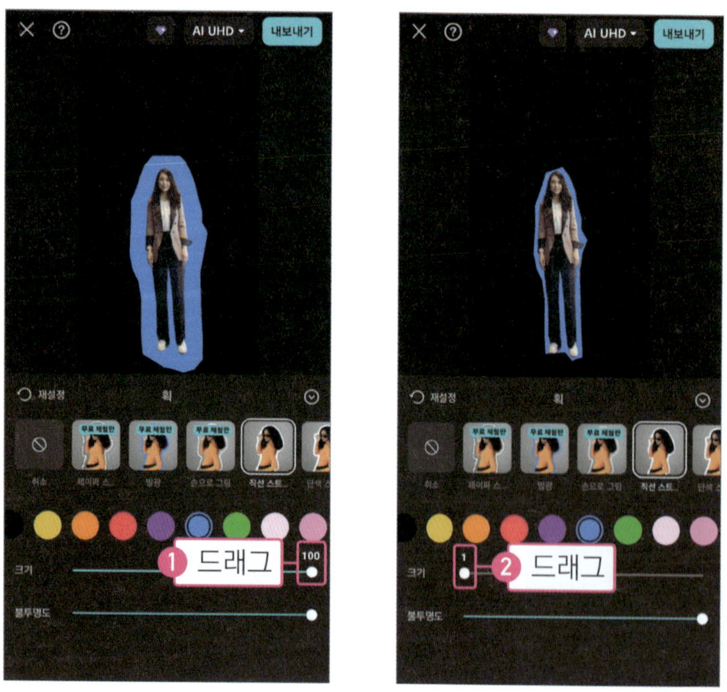

05 불투명도 조절바는 윤곽선의 선명도를 조절할 수 있습니다. 조절바를 왼쪽으로 드래그해 숫자가 작아질수록 윤곽선의 선명도가 옅어집니다. 반대로 조절바를 오른쪽으로 드래그해 숫자가 커질수록 윤곽선의 선명도가 짙어집니다.

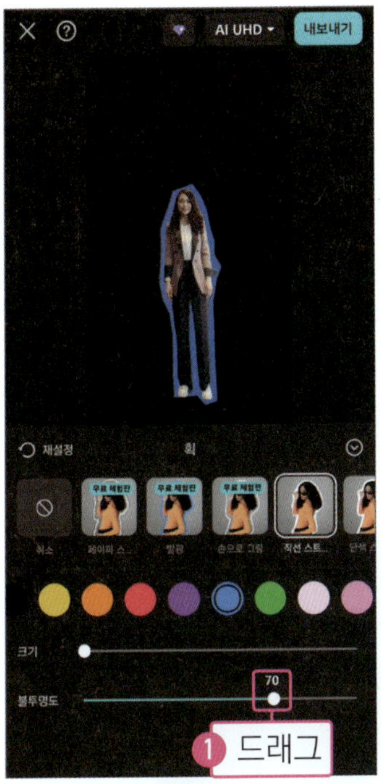

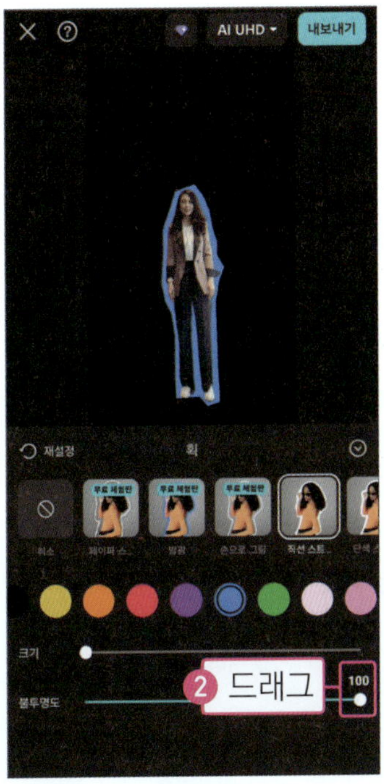

잠깐

선택한 스타일에 따라 조절바의 메뉴가 달라집니다. 예를 들어 점선 스트로크 스타일은 '크기'와 '불투명도'를 조절할 수 있지만, 한방향 스트로크 스타일은 '가로'와 '세로'로 조절바의 메뉴가 다릅니다.

06 왼쪽 끝의 [취소(⊘)]를 터치해 윤곽선 스타일을 삭제하고 ⊙ 아이콘을 터치합니다. [복원(●)]을 터치한 후 ☑ 아이콘을 터치합니다.

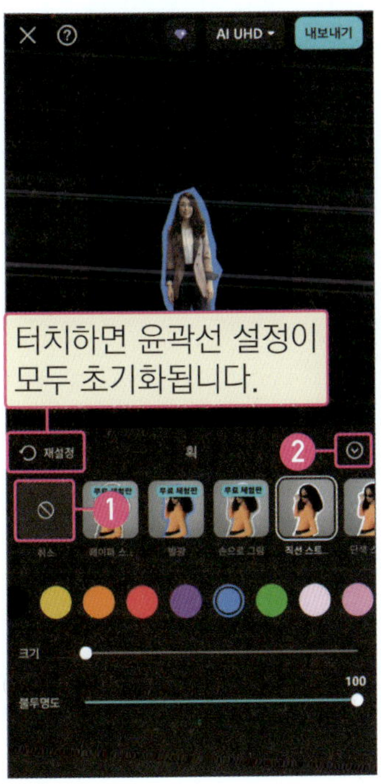

▶ 사용자 지정 삭제로 배경 제거하기

01 이번에는 삭제하고 싶은 부분을 직접 선택해 보겠습니다. 하단의 [사용자 지정 삭제( )]를 터치합니다. [브러시( )]를 터치하고, 조절바를 왼쪽으로 드래그해 브러시의 크기를 적당히 줄여 줍니다. 사진에서 남길 부분을 드래그하여 선택합니다.

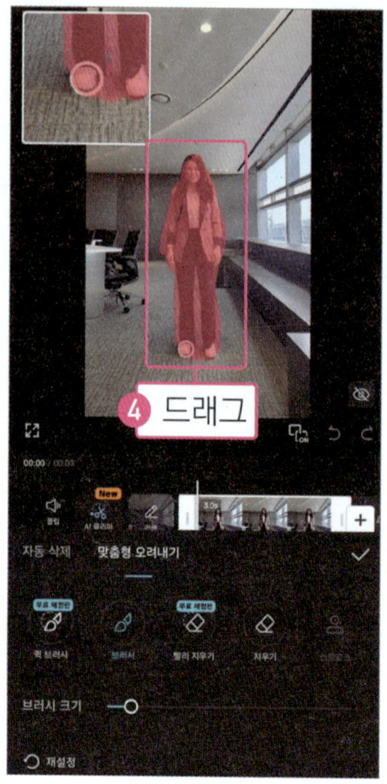

02 아이콘을 터치하면 브러시로 선택한 영역을 확인할 수 있습니다. 확인이 끝나면 다시 아이콘을 터치합니다.

03 메뉴바를 왼쪽으로 드래그하여 [지우기( )]를 터치한 후 조절바를 오른쪽으로 드래그해 브러시 크기를 적당히 크게 설정합니다. 빨간색으로 선택된 영역을 드래그하여 지워 줍니다. 영역을 잘못 선택하였을 때 이 기능을 활용해 지울 수 있습니다.

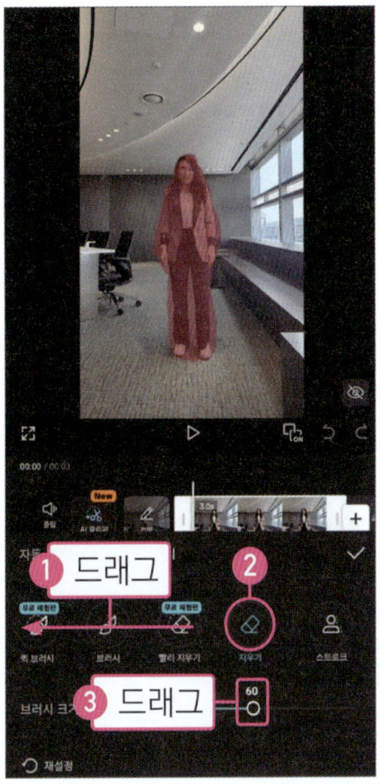

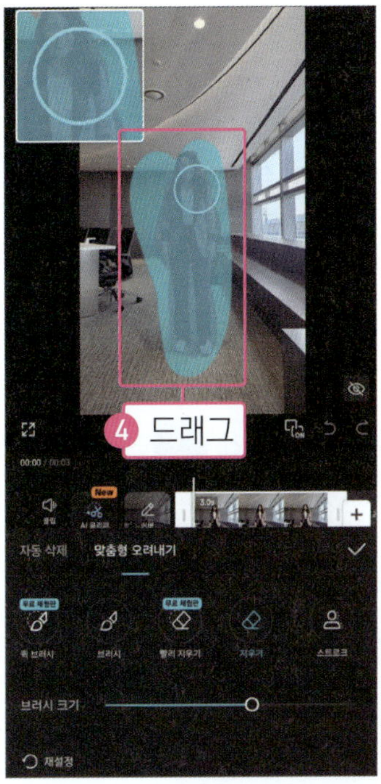

04 아이콘을 터치해 영역이 깔끔하게 지워진 것을 확인한 후 아이콘을 터치합니다. 왼쪽 하단의 [재설정( )]을 터치해 원본 사진으로 복원하고 아이콘을 터치해 프로젝트 화면을 닫아 줍니다.

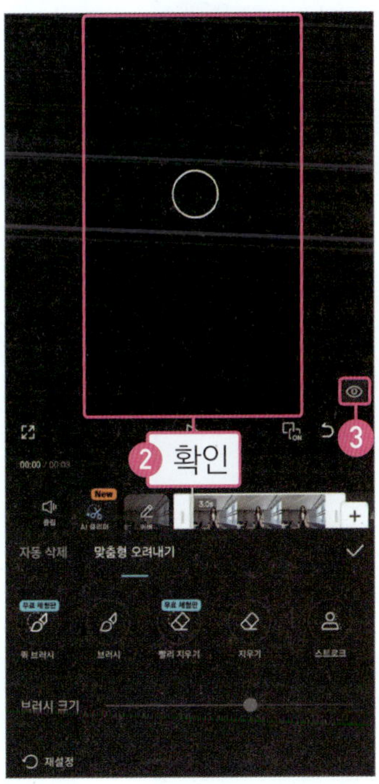

03 크로마키 사진을 활용해 배경 꾸미기

▶ 크로마키 사진 다운로드하고 배경 제거하기

01 크로마키 사진은 합성을 위해 그린 스크린 앞에서 촬영한 사진을 의미합니다. [Google(G)] 앱을 실행합니다. 검색창에 '픽셀스'를 검색하고 상단의 링크를 터치합니다. 픽셀스에서 '그린 스크린'을 검색한 후 [무료 다운로드] 버튼을 터치해 마음에 드는 사진을 다운로드합니다.

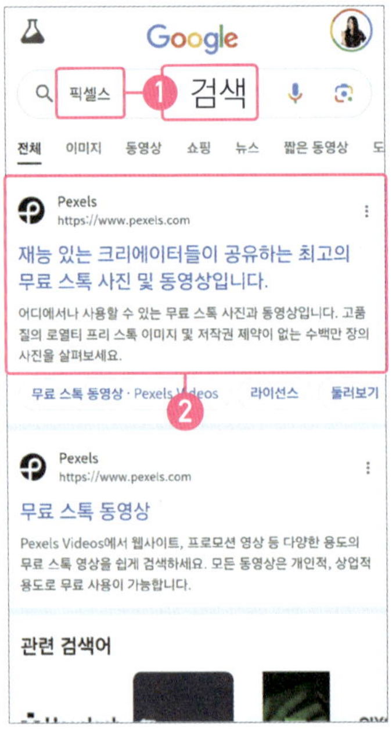

사진 다운로드

02 [캡컷(✂)] 앱을 실행하고 [+ 새 동영상] 버튼을 터치하여 크로마키 사진을 불러온 후 [편집(✂)]을 터치합니다. 도구 패널을 왼쪽으로 드래그하고 [배경 제거(👤)]를 터치합니다. [크로마키(⊗)]를 선택합니다.

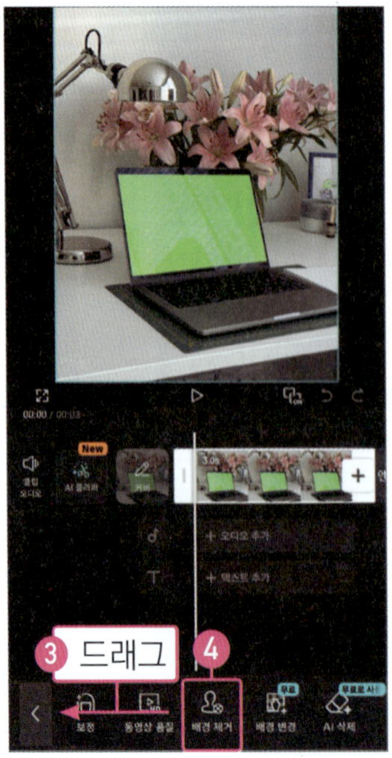

03 동그라란 원을 초록색 부분으로 드래그하면 자동으로 삭제됩니다. 예제의 사진은 **채도를 '30' 정도로 설정**하면 더욱 깔끔하게 지워집니다. ☑ **아이콘을 터치**해 적용합니다.

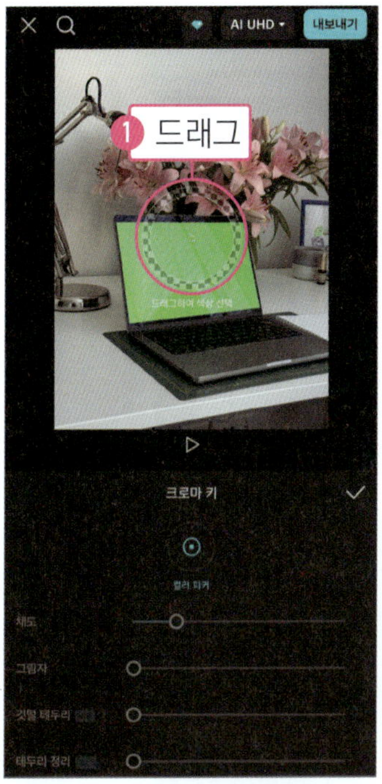

잠깐

캡컷의 배경 제거 기능 특징 알아보기

- **자동 삭제(🔲)** 캡컷에서 배경을 가장 깔끔하게 제거할 수 있는 방법이지만, 사진을 내보내려면 유료 결제가 필요합니다.
- **사용자 지정 삭제(🔲)** 지우고 싶은 영역을 직접 선택할 수 있지만, 선택한 영역을 깔끔하게 제거하기 어렵습니다.
- **크로마키(🔲)** 그린 스크린에서 촬영한 사진이 필요합니다.

▲ 자동 삭제

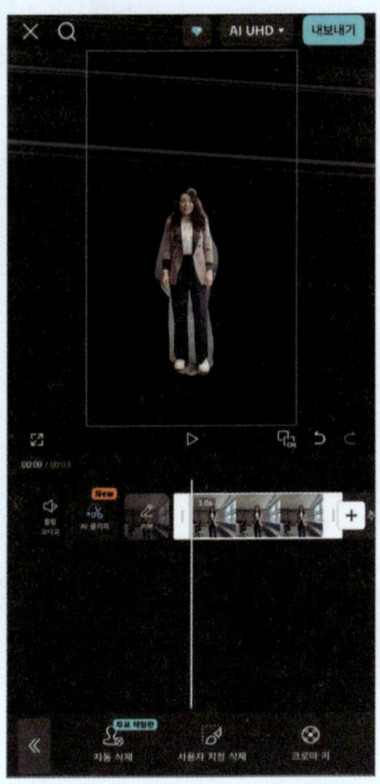

▲ 사용자 지정 삭제

▲ 크로마키

▶ 단색의 색상으로 배경 설정하기

01 도구바 왼쪽 끝의 « 버튼을 터치하고 ‹ 버튼을 한 번 더 터치합니다. 배경이 제거된 부분에 색상을 넣기 위해 도구 패널을 왼쪽으로 드래그한 후 [배경(▨)]을 터치합니다.

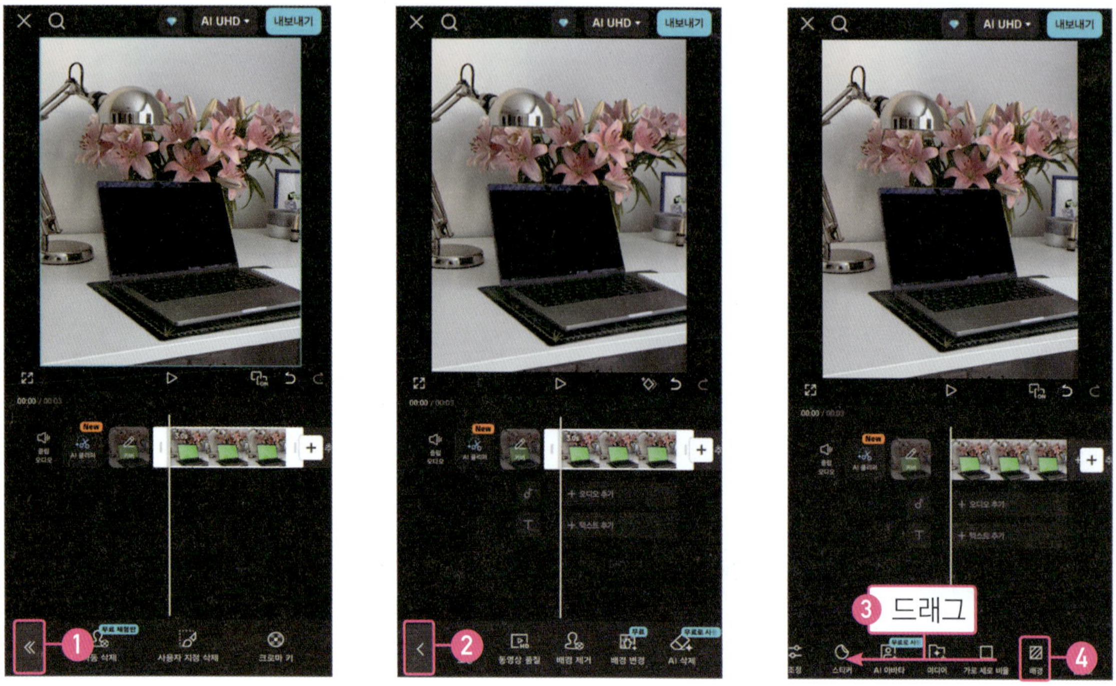

02 [색상(◈)]을 터치합니다. 팔레트에서 원하는 색을 선택한 후 오른쪽 하단의 ✓ 아이콘을 터치합니다.

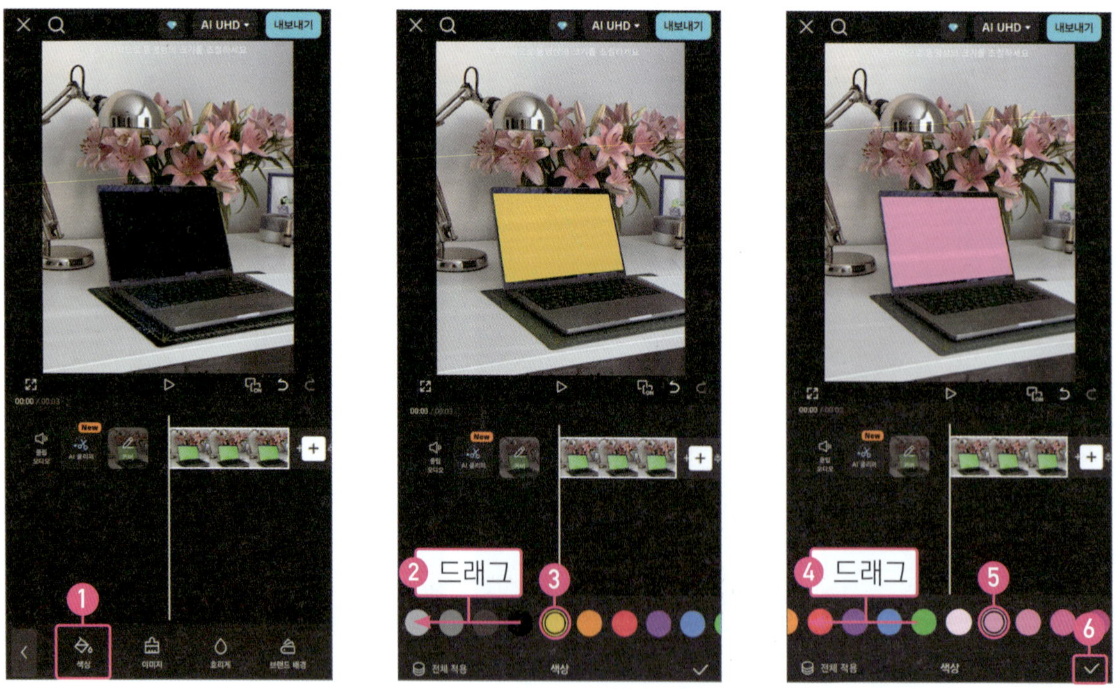

▸ 다양한 이미지로 배경 설정하기

01 단색의 배경이 아닌 이미지로 배경을 설정하기 위해 [이미지()]를 터치합니다. 마음에 드는 이미지 템플릿을 선택하여 적용해 봅니다.

02 갤러리에 있는 사진을 배경으로 적용할 수도 있습니다. 화면을 아래로 스크롤한 후 버튼을 터치합니다. 사진을 선택하면 배경이 적용됩니다.

▶ 배경을 흐리게 설정하기

01 ⊘ 버튼을 터치해 배경을 제거하고 ✓ 아이콘을 터치합니다. 이어서 [흐리게(💧)]를 터치합니다. 배경을 제거한 사물의 윤곽선을 흐리게 만드는 기능으로 블러 처리하거나, 다른 사진 위에 합성할 때 유용합니다.

02 맨 처음 템플릿과 마지막 템플릿을 각각 터치합니다. 오른쪽으로 갈수록 흐림의 농도가 점점 진해집니다. 하단의 ✓ 아이콘을 터치하고 왼쪽 상단의 ✕ 아이콘을 터치해 프로젝트 화면을 닫아 줍니다.

응용력 키우기

01 새 프로젝트로 인물 사진을 불러온 후 [편집( )]-[보정( )]-[얼굴( )]에서 부드럽게는 '85', 미백은 '70', 하얀 치아는 '50'으로 설정해 봅니다.

02 문제 **01**의 효과를 적용한 상태에서 [편집( )]-[편집효과( )]-[스타일( )]의 [헤어살롱] 탭-[허니 블론드] 스타일을 적용해 봅니다.

03 문제 **02**의 효과를 적용한 상태에서 [편집( )]–[배경 제거( )]–[자동 삭제( )]로 배경을 제거합니다. 그리고 [획( )]에서 [점선 스트로크] 스타일, 색상은 '핑크', 크기와 거리를 '50'으로 설정해 봅니다.

04 문제 **03**의 효과를 적용한 상태에서 [배경( )]–[이미지( )]의 다양한 이미지 템플릿을 적용해 봅니다.

힌트

[자동 삭제( )]로 배경을 제거했기 때문에 편집한 사진을 내보내려면 유료 결제를 진행해야 합니다. 프로젝트를 내보내기 하지 않고 닫아 줍니다.

08 다양한 효과로 영상 연출하기

- 동영상 효과 추가하기
- 동영상 효과 클립 편집하기
- 신체 효과 추가하기
- 장면 전환 효과 추가하기
- 장면 전환 효과 삭제하기
- 프로젝트 이름 수정하기

미/리/보/기

이번 장에서는 영상에 생동감을 넣어 주는 '동영상 효과'와 '신체 효과'에 대해 알아보겠습니다. 더불어 여러 개의 영상을 자연스럽게 이어 주는 '장면 전환 효과'와 자동으로 저장된 프로젝트의 이름을 깔끔하게 수정하는 방법을 함께 살펴봅니다.

01 동영상 효과 추가하고 편집하기

▶ 동영상 효과 추가하기

01 [+ 새 동영상] 버튼을 터치한 후 세 개의 동영상을 불러옵니다. 예제에서는 06장에서 색감을 조정한 프로젝트를 선택하여 불러왔습니다. 하단의 [편집효과(☆)]를 터치합니다. 이어서 [동영상 효과(▣)]를 터치합니다.

02 [인트로 및 아웃트로] 탭을 터치하고 화면을 위로 스크롤하여 검은 화면에서 점점 밝아지는 [페이드 인] 효과를 선택합니다. 이어서 효과의 [조정(☰)]을 터치합니다.

> **잠깐**
>
> 캡컷은 잦은 업데이트로 인해 교재에 안내된 탭 구성이나 필터 메뉴의 위치가 실제 화면과 다를 수 있습니다. 화면 구성이 다르더라도 유사한 이름의 메뉴를 찾아 실습을 진행합니다.

03 속도 조절바를 오른쪽으로 드래그해 숫자가 커질수록 검은 화면에서 빠르게 밝아집니다. 반대로 조절바를 왼쪽으로 드래그해 숫자가 작아질수록 검은 화면에서 느리게 밝아집니다. 속도를 '50'으로 설정하고 ⊙ 아이콘을 터치한 후 ☑ 아이콘을 터치합니다.

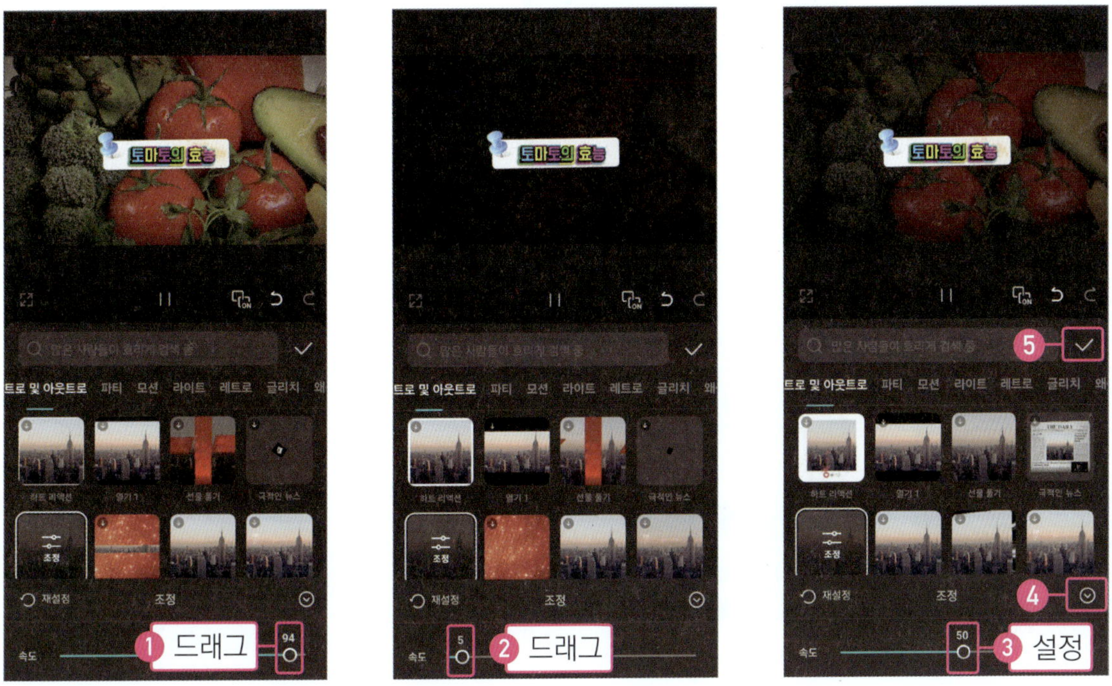

04 다른 효과도 적용해 보기 위해 [재생 헤드]를 두 번째 영상의 시작 부분으로 드래그한 후 [동영상 효과(▣)]를 터치합니다.

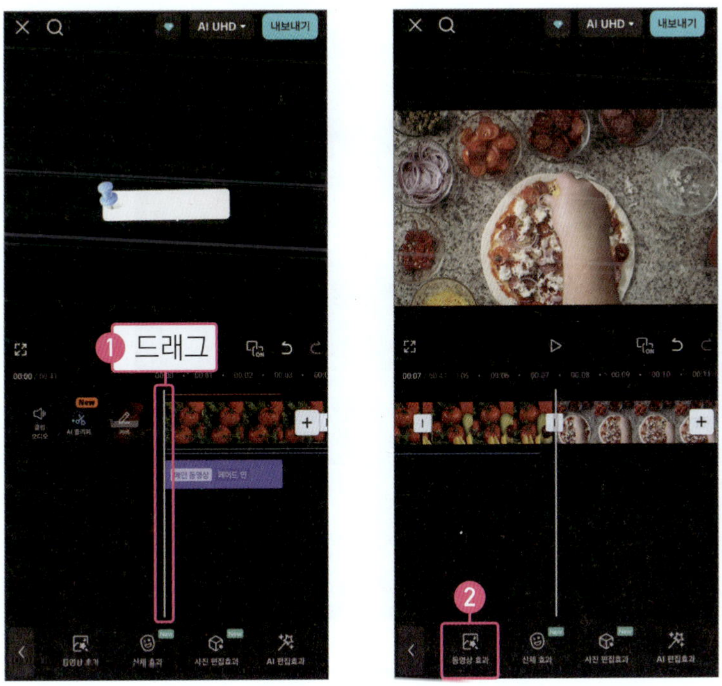

05 탭 목록을 왼쪽으로 드래그하고 [화면] 탭을 터치한 후 카메라로 초점을 맞추는 듯한 효과인 [레코더 포커스]를 선택합니다. 효과의 [조정(☰)]을 터치합니다.

06 속도 조절바를 오른쪽으로 드래그해 숫자가 커질수록 초점이 빠르게 맞춰지고, 반대로 조절바를 왼쪽으로 드래그해 숫자가 작아질수록 초점이 느리게 맞춰집니다. 속도를 '50'으로 설정하고 ⊙ 아이콘을 터치한 후 ✓ 아이콘을 터치합니다.

07 한 가지 영상 클립에 효과를 다중으로 적용할 수도 있습니다. 다시 [동영상 효과(■)]를 터치합니다. [분할] 탭을 선택하고 영상 클립을 한 화면에 겹치게 배치하는 효과인 [콜라주 팝업]을 선택합니다. 효과의 [조정(■)]을 터치합니다.

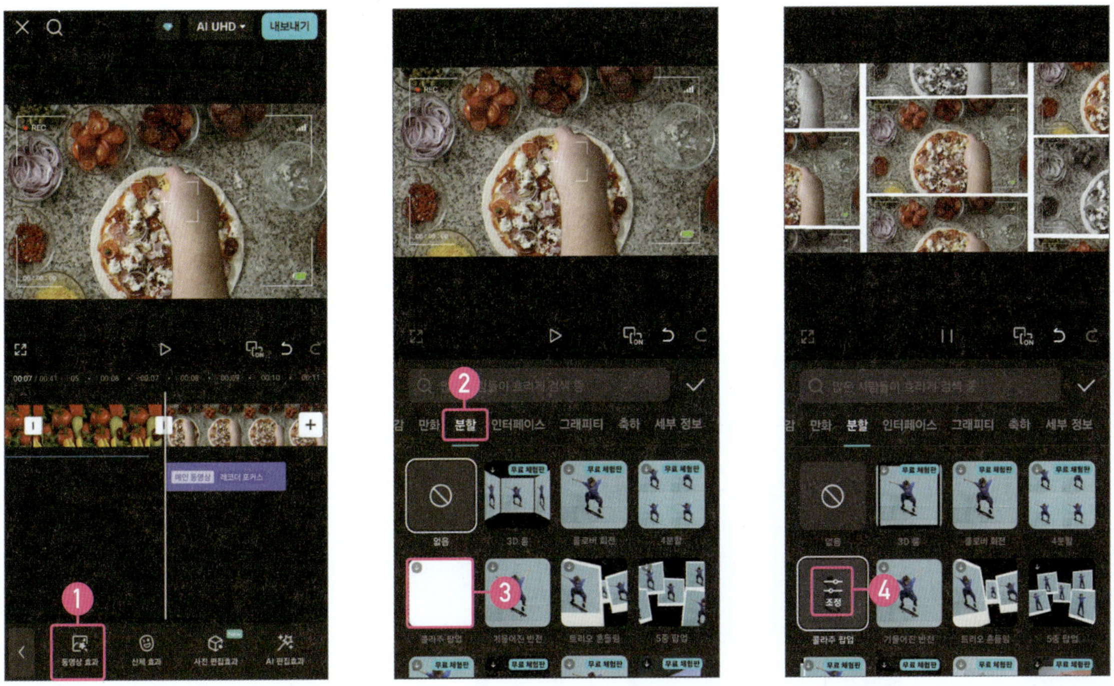

08 속도 조절바를 오른쪽으로 드래그해 숫자가 커질수록 콜라주 팝업이 빠르게 나타나고, 반대로 조절바를 왼쪽으로 드래그해 숫자가 작아질수록 콜라주 팝업이 느리게 나타납니다. 속도를 '50'으로 설정하고 ■ 아이콘을 터치한 후 ■ 아이콘을 터치합니다.

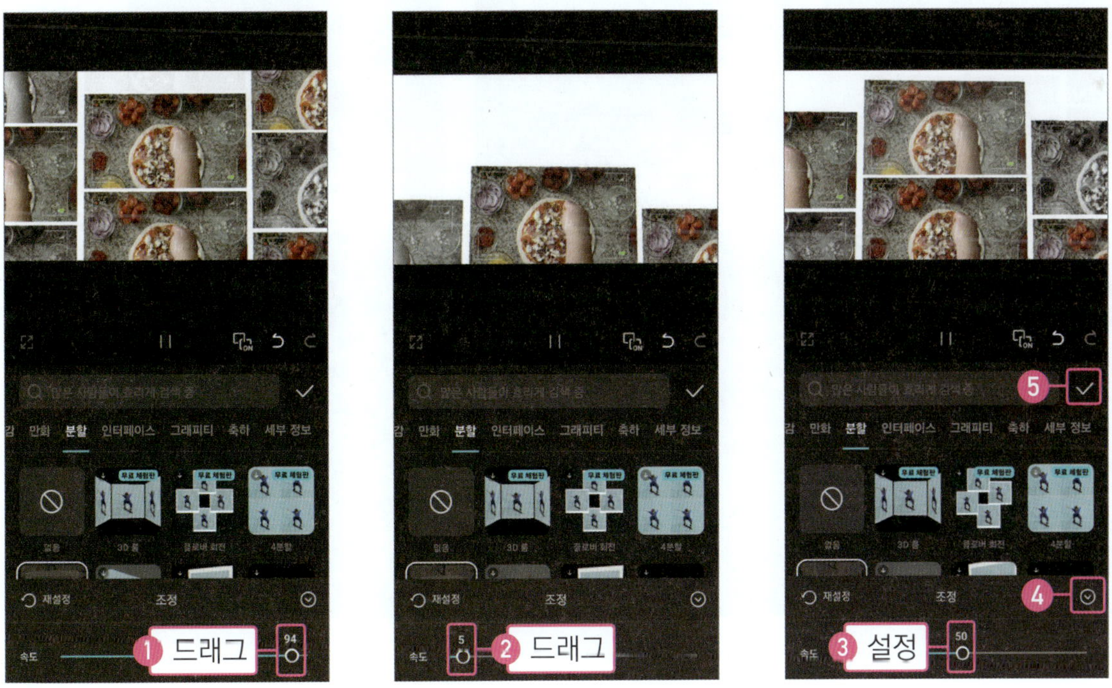

자주 사용하는 동영상 효과 즐겨찾기에 추가하고 제거하기

① 마음에 들거나 자주 사용하는 동영상 효과를 즐겨찾기에 추가하고 제거하는 방법에 대해 알아보겠습니다. 예시로 [분할] 탭의 [콜라주 팝업] 효과를 길게 터치합니다. 즐겨찾기에 추가되었다는 메시지가 나타납니다.

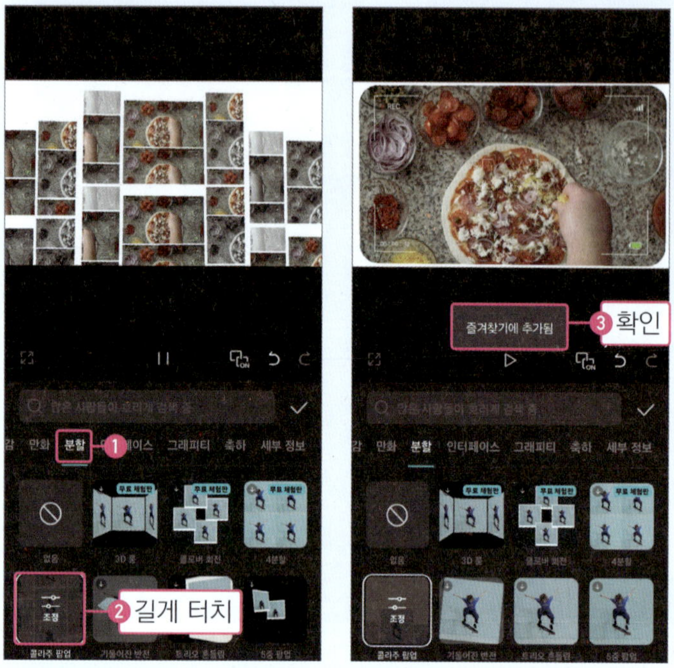

② 탭 목록을 오른쪽으로 드래그하고 왼쪽 끝의 ◘ 아이콘을 터치합니다. 즐겨찾기 목록에 동영상 효과가 추가되어 있습니다. 효과를 길게 터치하면 즐겨찾기에서 제거되었다는 메시지가 나타납니다.

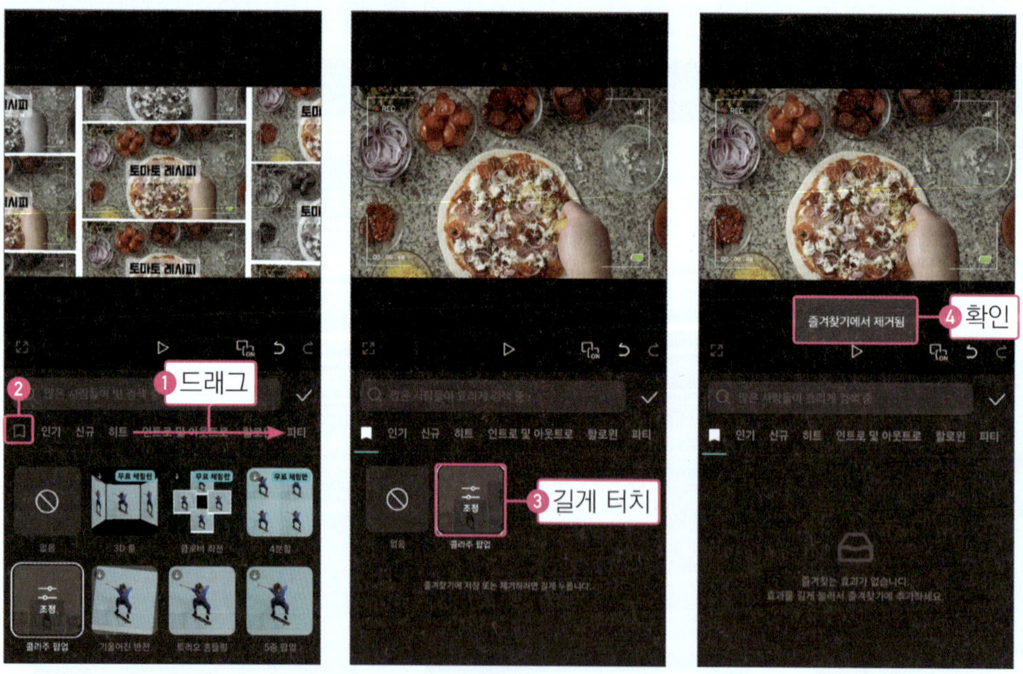

▶ 동영상 효과 클립 편집하기

01 동영상 효과 클립의 길이를 조절해 보겠습니다. 타임라인을 축소한 후 길이를 조절할 효과 클립을 터치합니다. 오른쪽의 흰색 테두리를 드래그하여 원하는 길이만큼 조절한 후 바로 아래에 있는 클립도 같은 길이로 조절합니다.

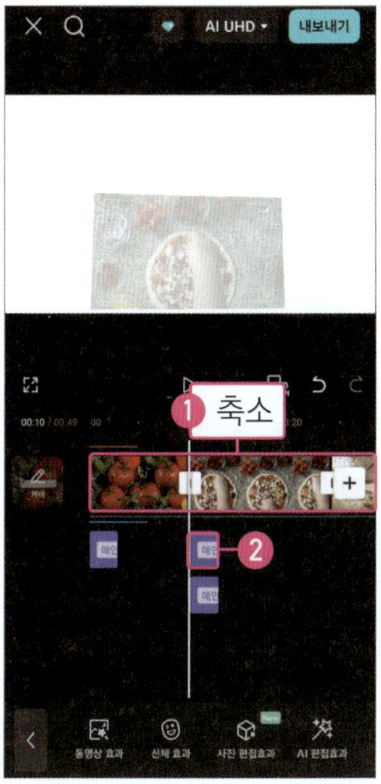

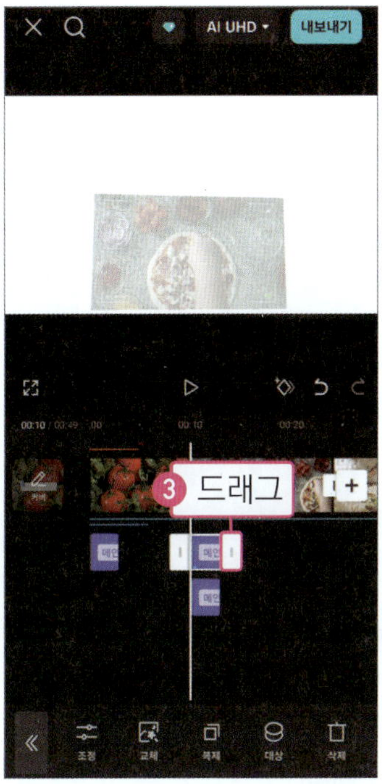

02 다시 위에 있는 클립을 선택하고 설정값을 조정하기 위해 하단의 [조정(☰)]을 터치합니다. 속도를 '20'으로 설정한 후 오른쪽 하단의 ☑ 아이콘을 터치합니다.

03 동영상 효과의 설정값을 조정한 후에도 마음에 들지 않는다면 효과를 다른 것으로 바꿀 수 있습니다. 하단의 [교체(■)]를 터치합니다. [반짝임] 탭의 [눈송이 글리터] 효과를 선택한 후 ☑ 아이콘을 터치합니다. 효과를 변경하였습니다.

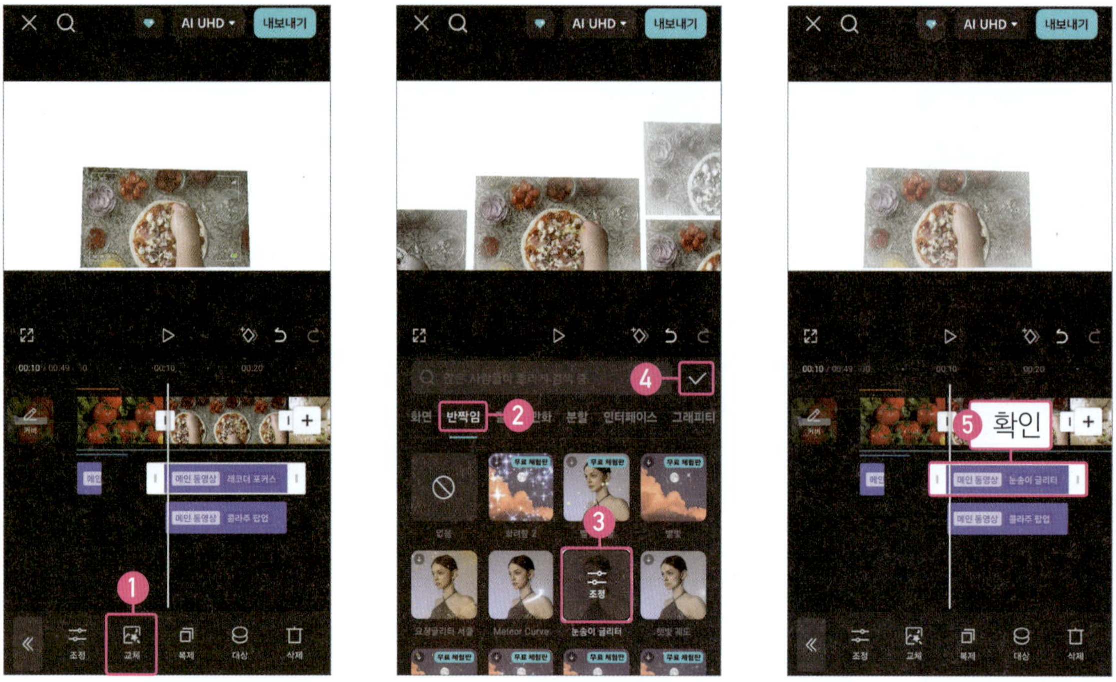

04 동영상 효과를 복제하고 싶다면 복제하고 싶은 효과 클립을 선택하고 하단의 [복제(■)]를 터치합니다. 이때 복제한 필터는 동일한 영상에 적용되어 효과가 더욱 강하게 나타납니다. 복제한 효과를 삭제하고 싶다면 하단의 [삭제(■)]를 터치합니다. 왼쪽 상단의 ☒ 아이콘을 터치해 프로젝트 화면을 닫아 줍니다.

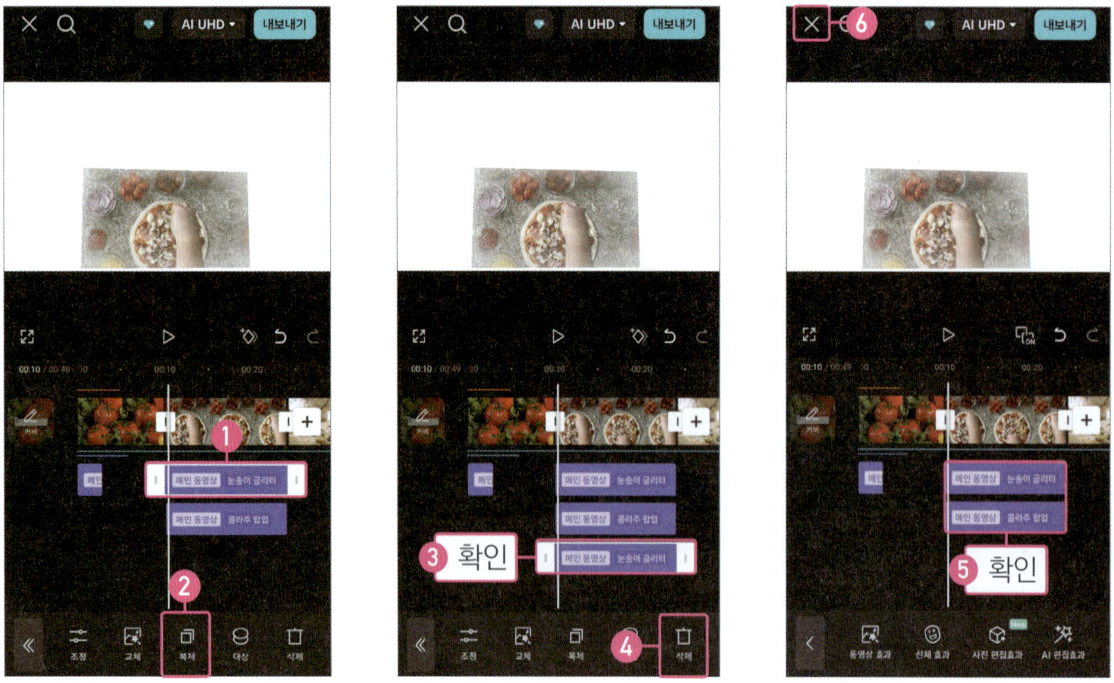

02 신체 효과 추가하기

01 신체 효과를 추가하는 방법에 대해 알아보겠습니다. [+ 새 동영상] 버튼을 터치한 후 전신 사진을 불러옵니다. 예제에서는 07장의 ▶ **몸 보정하기**에서 실습한 프로젝트를 불러왔습니다. 하단의 [편집효과(아이콘)]를 터치합니다. 그리고 [신체 효과(아이콘)]를 선택합니다.

02 [히트] 탭을 터치하고 피사체 뒤에 불꽃이 날아오르는 효과인 [불꽃 무리]를 선택합니다. 효과의 [조정(아이콘)]을 터치합니다.

03 속도 조절바를 오른쪽으로 드래그해 숫자가 커질수록 신체 효과 속도가 빠르게 나타납니다. 반대로 조절바를 왼쪽으로 드래그해 숫자가 작아질수록 신체 효과 속도가 느리게 나타납니다. 속도를 '30'으로 설정해 봅니다.

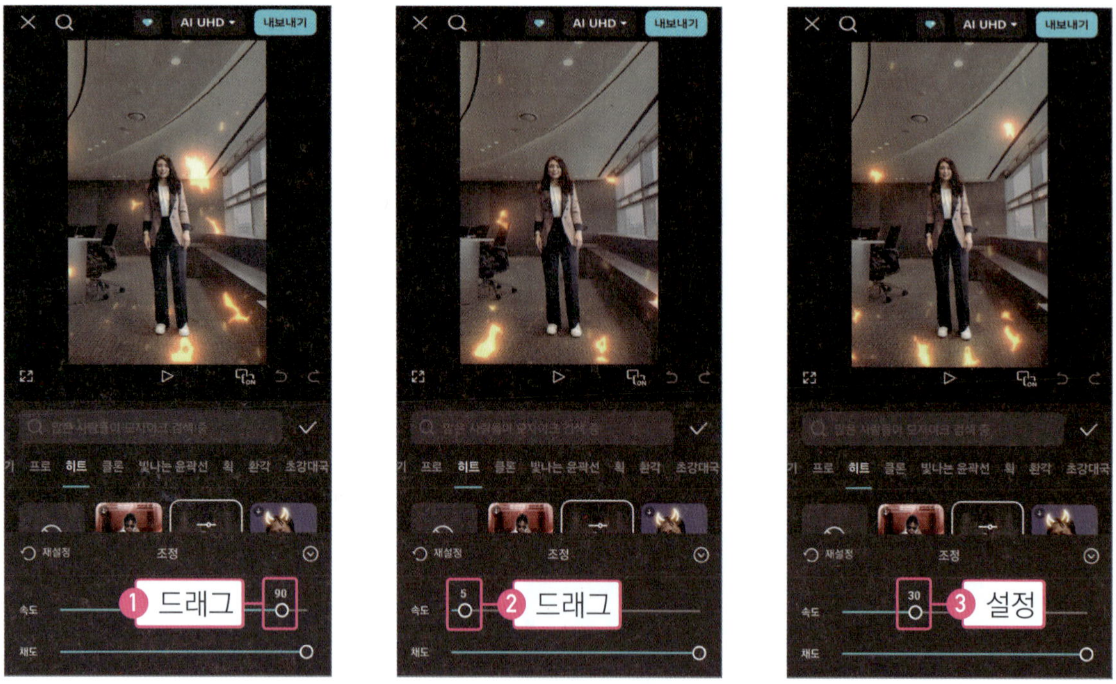

04 채도 조절바를 왼쪽으로 드래그하면 피사체를 제외한 배경과 신체 효과가 옅어집니다. 반대로 조절바를 오른쪽으로 드래그하면 피사체를 제외한 배경과 신체 효과가 진해집니다. 채도를 '40'으로 설정한 후 ⊙ 아이콘과 ✓ 아이콘을 터치하고 왼쪽 상단의 ✕ 아이콘을 터치해 프로젝트 화면을 닫아 줍니다.

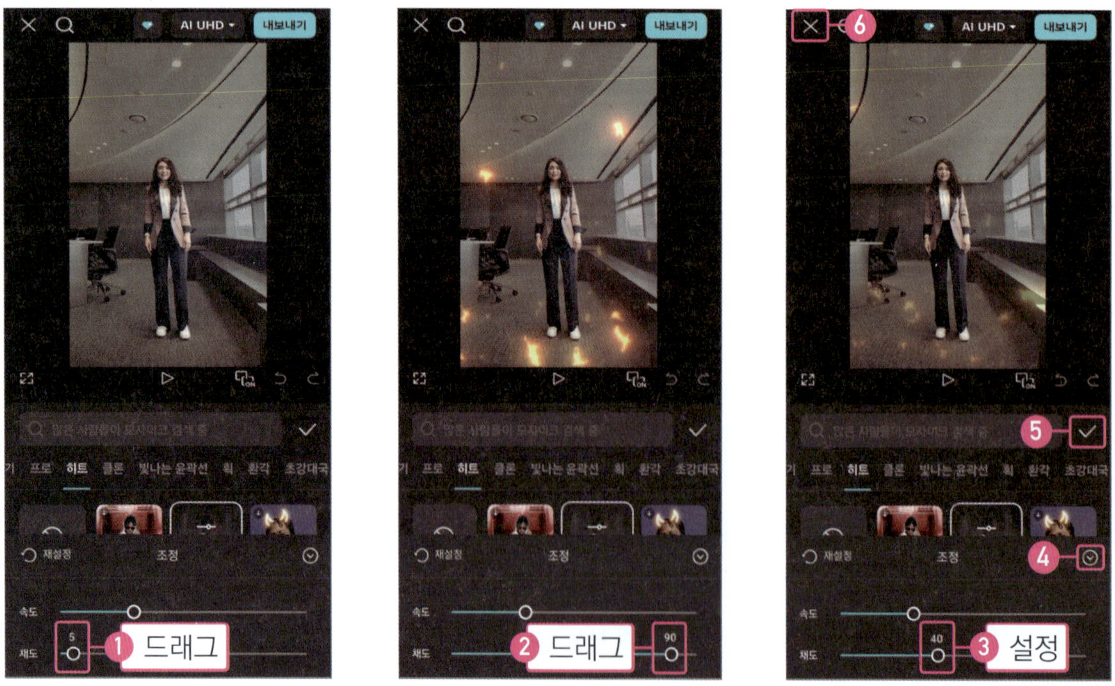

03 장면 전환 효과와 프로젝트 이름 수정하기

▶ 장면 전환 효과 추가하기와 삭제하기

01 [+ 새 동영상] 버튼을 터치한 후 두 개 이상의 동영상을 불러옵니다. 예제에서는 이번 장의 ▶ **동영상 효과 추가하기**에서 작업한 프로젝트를 불러왔습니다. 타임라인을 축소해 줍니다. 첫 번째 영상 클립 끝의 [I] 버튼을 터치합니다.

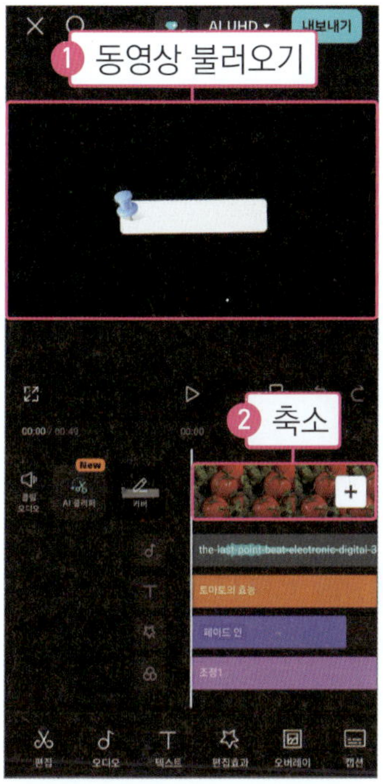

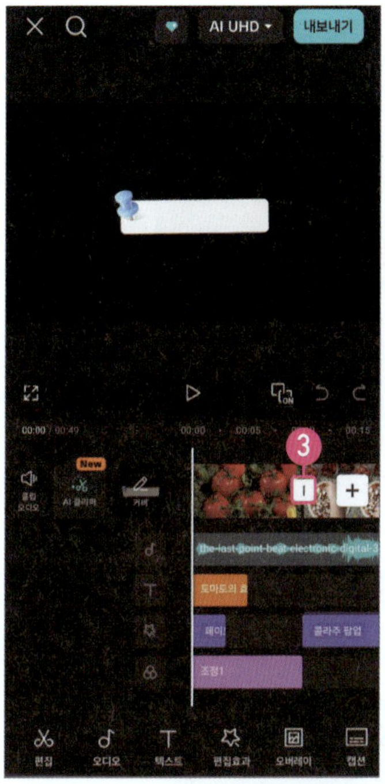

02 [인기] 탭-[페이지 넘기기] 효과를 선택하고 팝업창의 [네, 알겠습니다.] 버튼을 터치합니다.

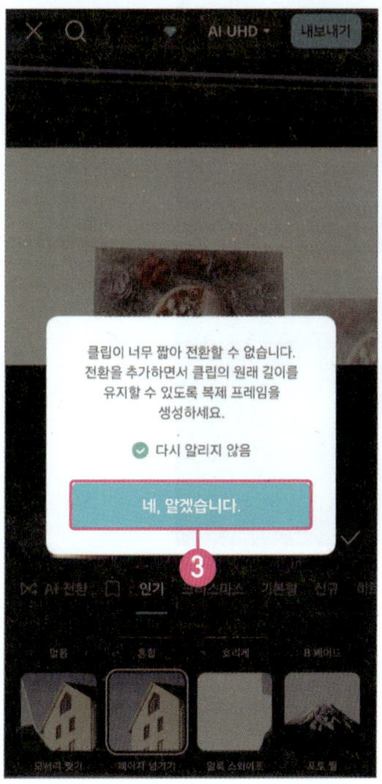

03 하단의 조절바를 오른쪽으로 드래그해 숫자가 커질수록 전환 효과의 속도가 느려집니다. 반대로 하단의 조절바를 왼쪽으로 드래그해 숫자가 작아질수록 전환 효과의 속도가 빨라집니다.

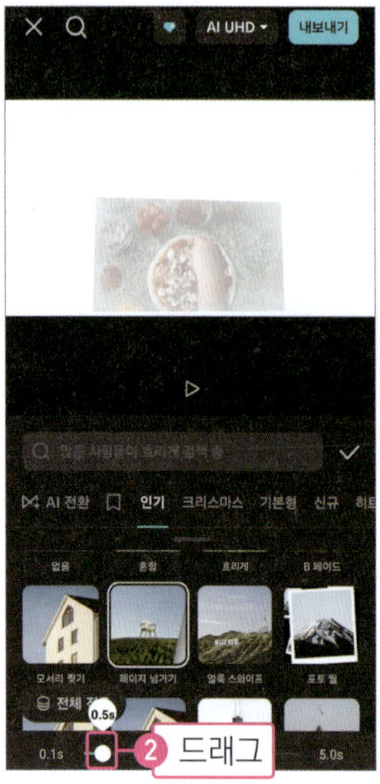

04 전환 효과를 삭제하기 위해 화면을 아래로 스크롤한 후 [없음(⊘)]을 터치하고 ✓ 아이콘을 터치합니다. 왼쪽 상단의 ✕ 아이콘을 터치해 프로젝트 화면을 닫아 줍니다.

잠깐

영상이 세 개일 때 장면 전환 효과 적용하기

① 한 프로젝트에 세 개의 영상이 있는 경우, 두 가지 장면 전환 효과를 적용할 수 있습니다. 예를 들어 첫 번째 장면 전환 효과는 [인기] 탭의 [혼합]을, 두 번째 장면 전환 효과는 [라이트] 탭의 [타임머신]을 선택하여 각각 다르게 적용하는 것이 가능합니다.

② 영상 전체에 동일한 장면 전환 효과를 적용하고 싶다면 원하는 효과를 선택한 후 왼쪽 하단의 전체 적용 버튼을 터치합니다. 이렇게 하면 모든 전환 구간에 동일한 효과가 적용됩니다.

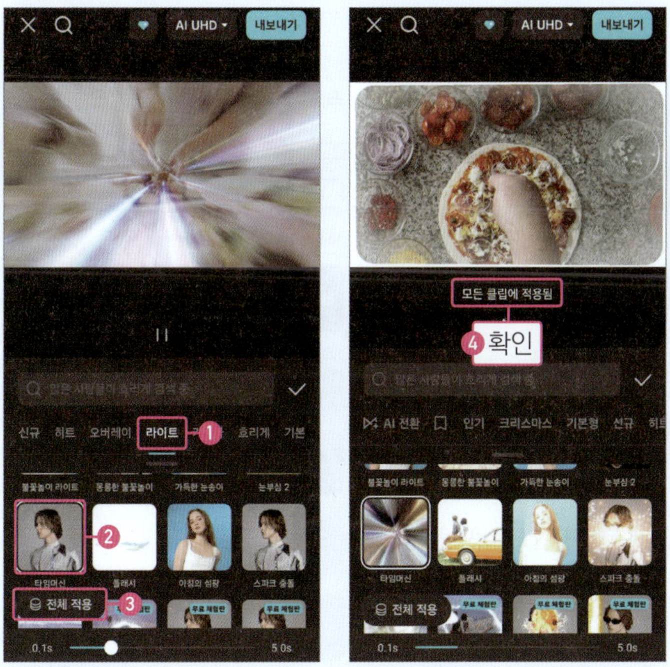

▶ 프로젝트 이름 수정하기

01 캡컷은 프로젝트 시작 날짜로 이름이 자동 저장됩니다. 편집할 때 혼동을 줄이기 위해 프로젝트의 이름을 수정하는 방법을 알아보겠습니다. 프로젝트 목록 오른쪽의 [>] 버튼을 터치합니다. 이름을 수정할 프로젝트의 [⋮] 아이콘을 터치합니다.

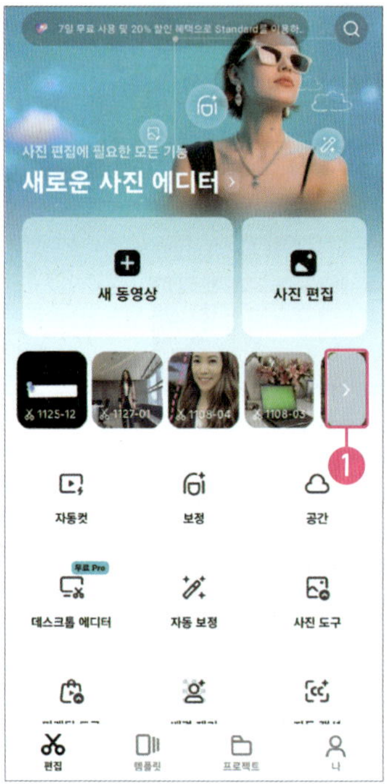

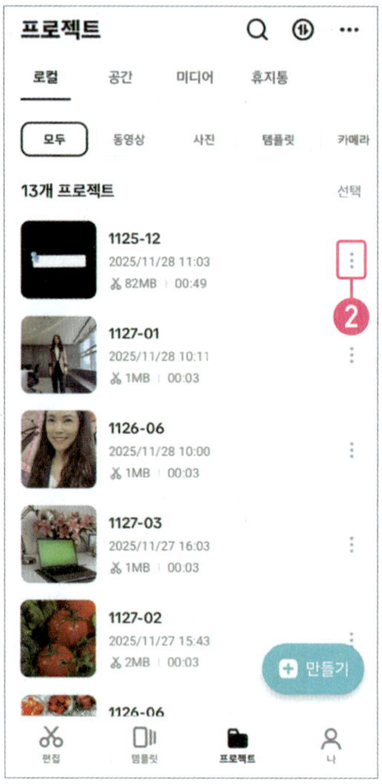

02 [이름 변경(✎)]을 선택합니다. 입력창에 '08장 장면전환'을 입력한 후 [확인] 버튼을 터치합니다. 프로젝트의 이름이 변경되었습니다.

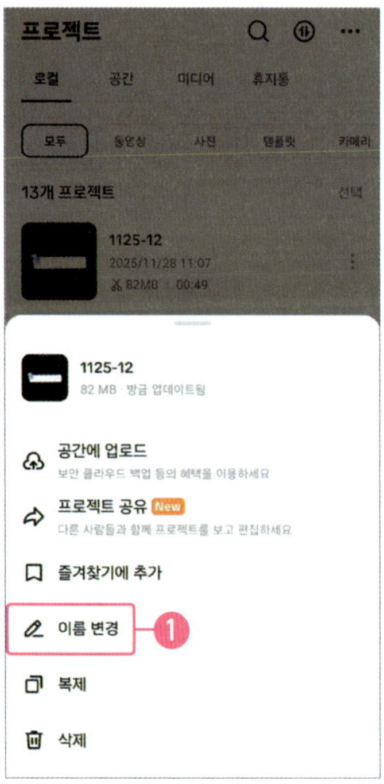

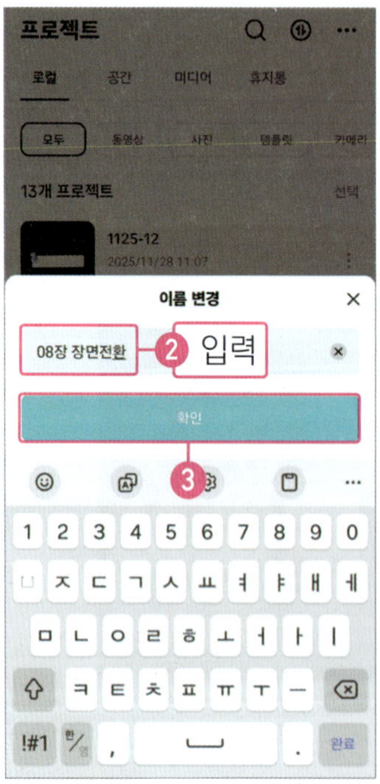

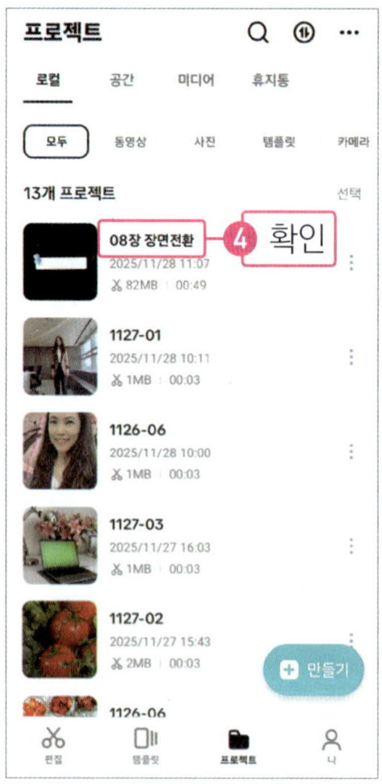

응용력 키우기

01 새 프로젝트로 세 개의 영상을 불러온 후 [편집효과( )]-[동영상 효과( )]를 터치합니다. [인트로 및 아웃트로] 탭의 [열기 1] 효과를 선택하여 적용해 봅니다.

02 문제 **01**의 프로젝트에서 첫 번째 영상 끝의 버튼을 터치해 [마스크] 탭-[단풍잎 낙엽] 효과를 선택하고 속도를 '2.0s'로 설정한 후, 모든 전환 구간에 동일한 효과를 적용해 봅니다.

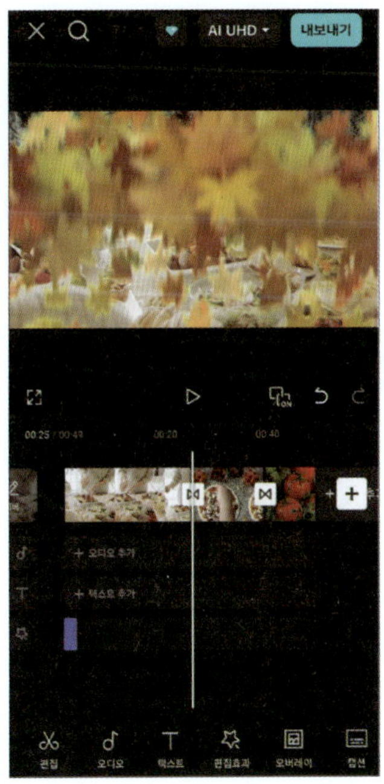

03 새 프로젝트로 전신 사진을 불러옵니다. 하단의 [편집효과( )]–[신체 효과( )]를 선택하고 [히트] 탭의 [영혼 분할] 효과를 적용해 봅니다.

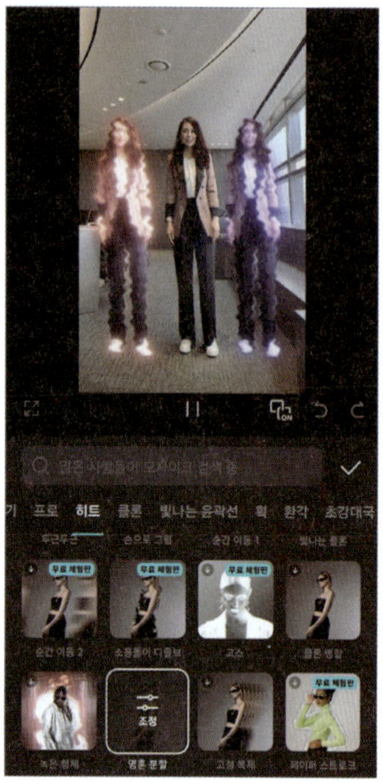

04 문제 **03**에서 작업한 프로젝트의 이름을 수정하기 위해 ⋮ 아이콘을 터치하고 [이름 변경( )]을 선택한 후 '신체효과'로 이름을 변경해 봅니다.

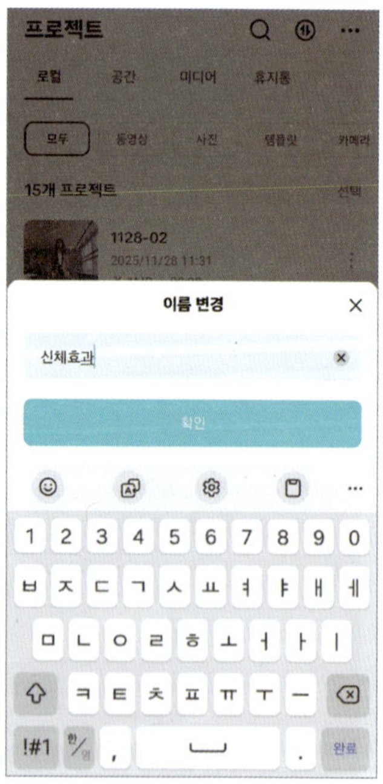

09 여러 개의 영상 합성하기

- 오버레이로 영상 합성하기
- 오버레이로 화면 분할하기
- 마스크 적용 후 조정하기
- 마스크 범위 설정 및 반전하기

미/리/보/기

이번 장에서는 오버레이로 영상을 합성하여 다양한 장면을 자연스럽게 나타내는 방법을 알아보겠습니다. 화면을 분할하여 여러 장면을 동시에 보여 주고, 특정 부분을 숨기거나 강조하여 시청자의 시선을 효과적으로 유도하는 방법도 함께 살펴봅니다.

01 오버레이로 영상 합성하고 화면 분할하기

▶ 영상 합성하기

01 '오버레이(Overlay)는 '덮어씌운다'라는 뜻으로, 영상 위에 다른 영상을 덮어씌우는 편집 방법입니다. 캡컷 홈 화면에서 [프로젝트(📁)]를 터치하고 '08장 장면전환' 프로젝트를 선택합니다. 영상을 추가할 위치로 [재생 헤드]를 드래그합니다.

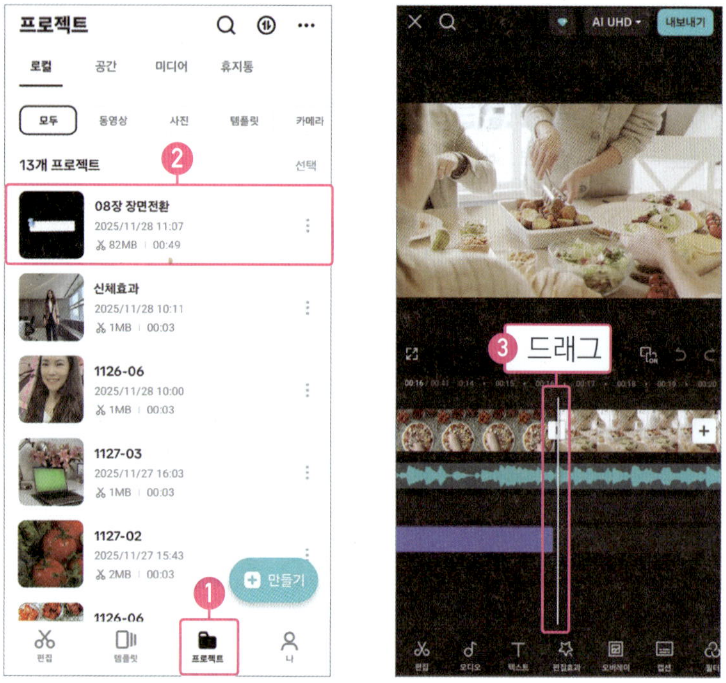

02 하단의 [오버레이(▣)]를 터치합니다. [PIP 추가(⊞)]를 터치한 후 얼굴이 잘 나온 인물 사진 또는 동영상을 선택하고 오른쪽 하단의 [추가] 버튼을 터치합니다.

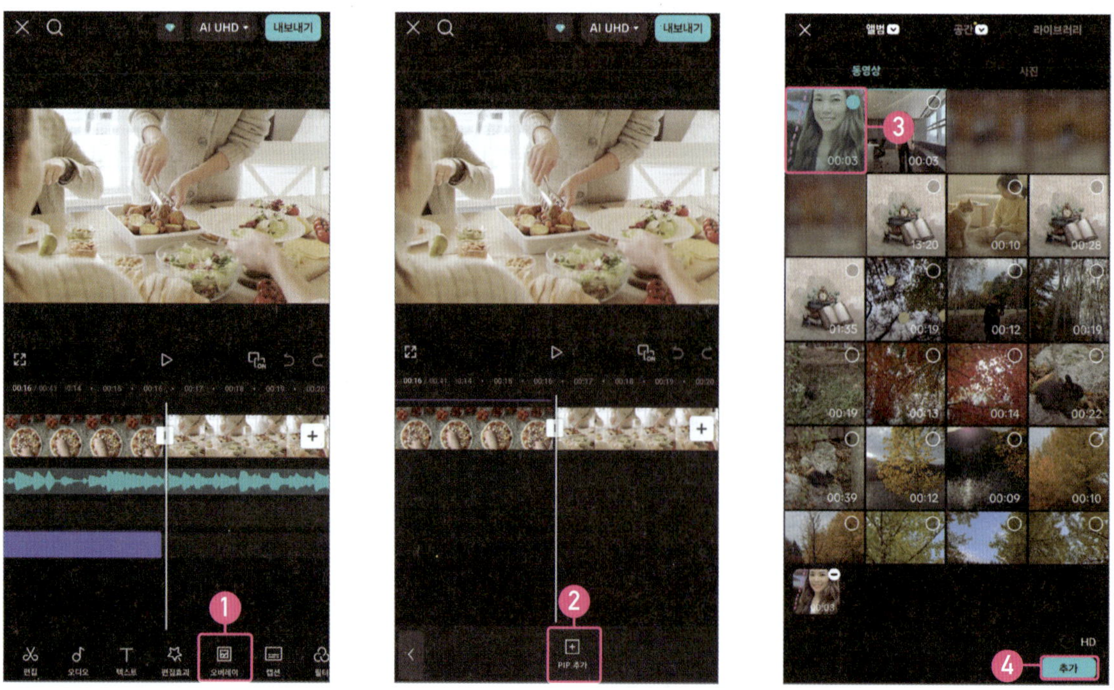

03 미리보기 화면에서 불러온 사진이나 동영상의 크기와 위치를 조정하고 도구바를 왼쪽으로 드래그합니다. 토마토 음식 레시피를 소개하는 것처럼 자연스럽게 합성하기 위해 [배경 제거(아이콘)]를 터치합니다.

04 [사용자 지정 삭제(아이콘)]를 터치합니다. [브러시(아이콘)]를 터치하고 브러시 크기 조절바를 드래그해 적당한 크기로 설정합니다. 사진에서 남길 부분을 드래그하여 선택하고 ☑ 아이콘을 터치합니다. 합성 작업을 완료하였다면 ☒ 아이콘을 터치해 프로젝트 화면을 닫아 줍니다.

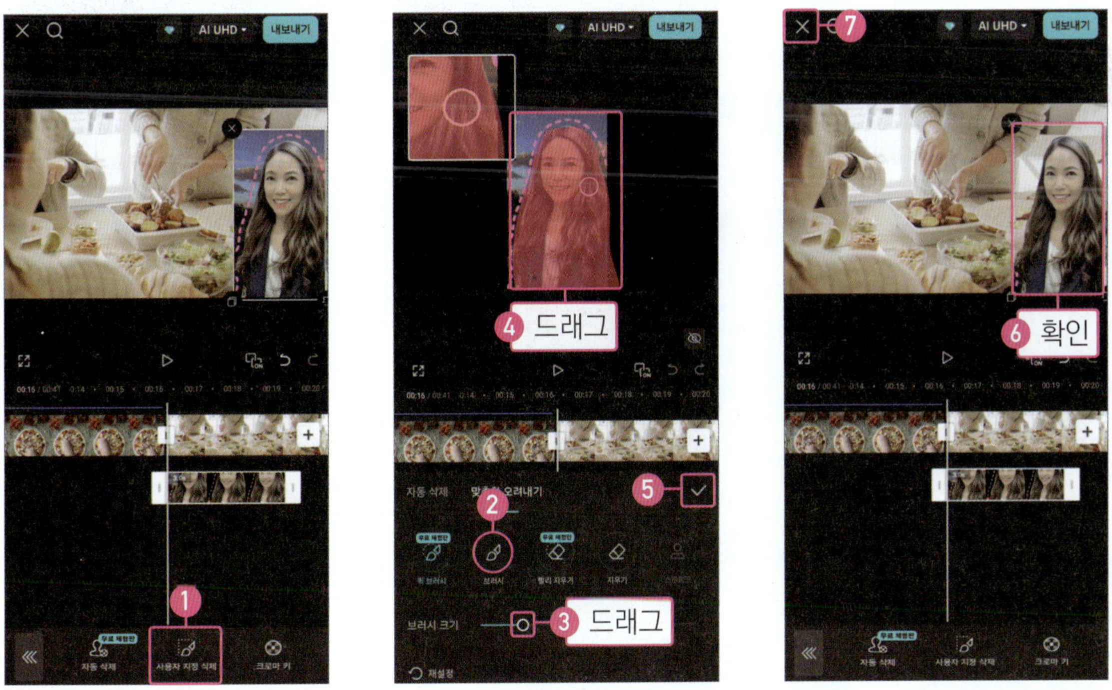

▶ 화면 분할 편집하기

01 이번에는 오버레이 기능으로 화면이 분할된 영상을 만들어 보겠습니다. 캡컷 홈 화면에서 [+ 새 동영상] 버튼을 터치하고 '16:9' 비율의 동영상을 하나 선택하여 불러온 후 하단의 [편집(✂)]을 터치합니다. 도구 패널을 왼쪽으로 드래그하고 [변형 2(⧉)]를 터치합니다. [고급(☰)]을 선택합니다.

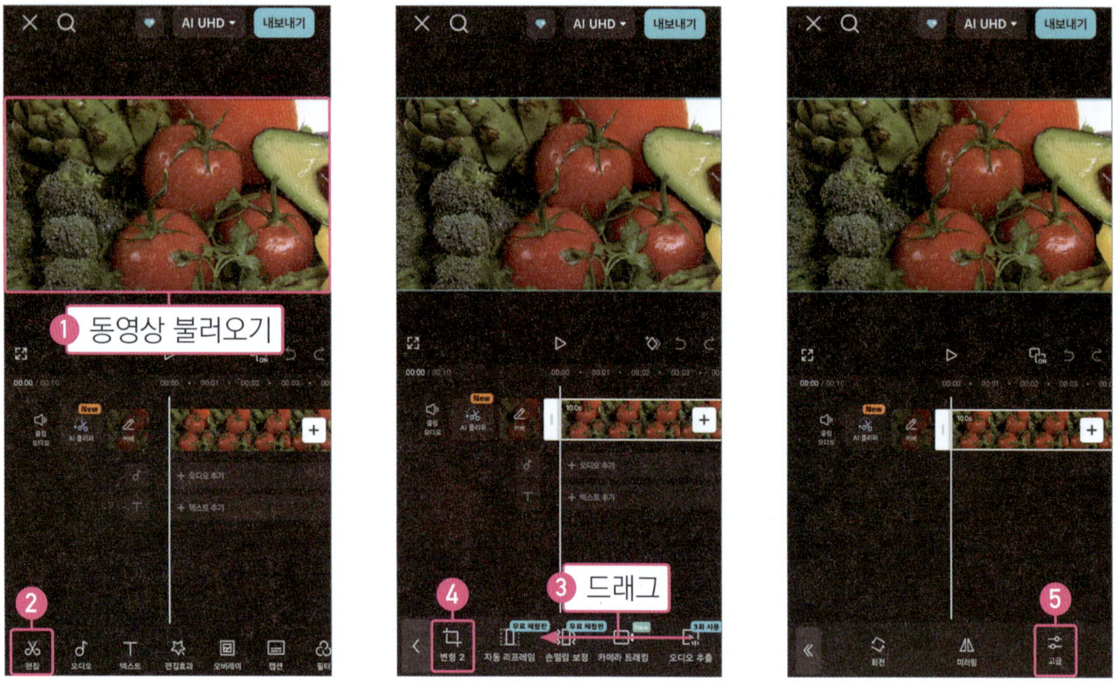

02 [확대/축소] 탭을 터치한 후 조절바를 오른쪽으로 드래그해 '50%'로 축소합니다. [위치] 탭을 선택하고 X축과 Y축의 조절바를 오른쪽으로 드래그해 각각 '-249', '-256'으로 설정한 후 ☑ 아이콘을 터치합니다.

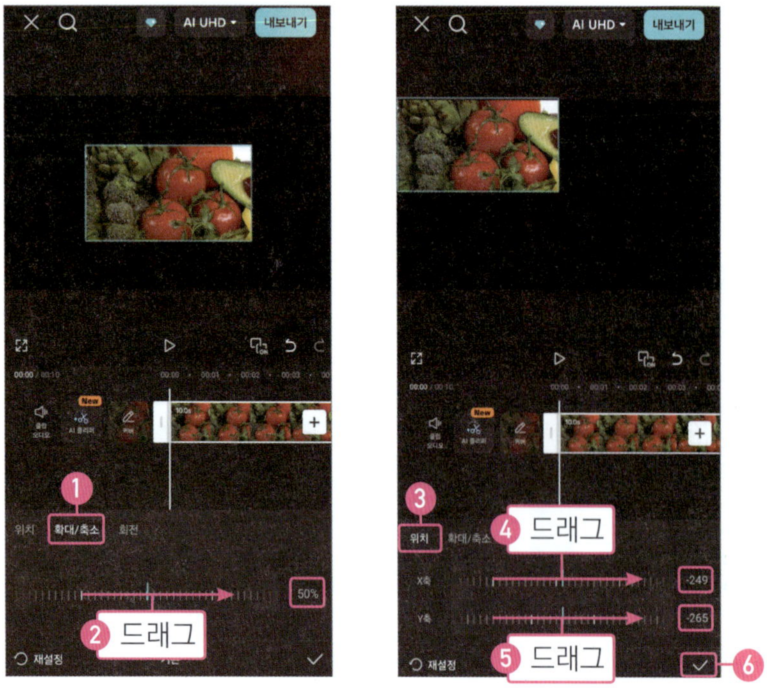

03 왼쪽 끝의 « 버튼을 터치하고 이어서 ‹ 버튼을 터치합니다.

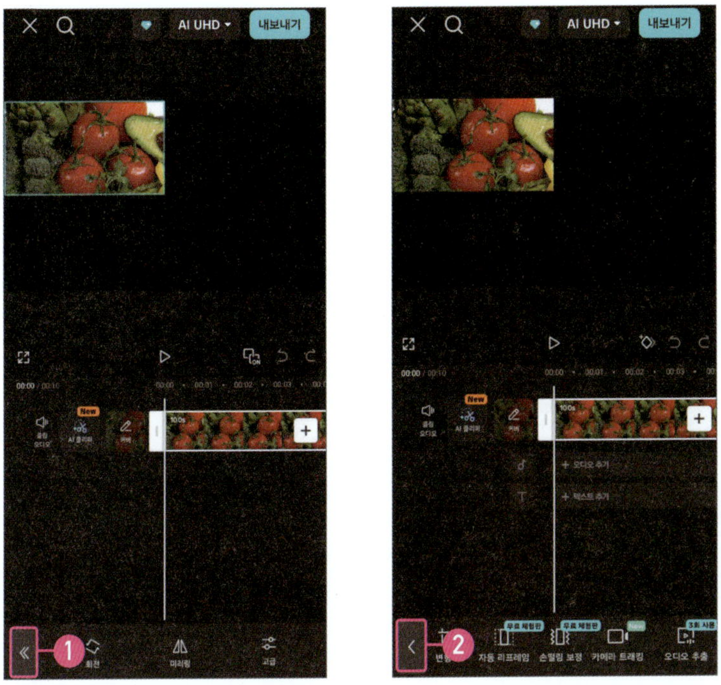

04 다른 영상을 추가하기 위해 하단의 [오버레이( )]를 터치합니다. [PIP 추가( )]를 터치한 후 '16:9' 비율의 영상을 선택하고 오른쪽 하단의 [추가] 버튼을 터치합니다.

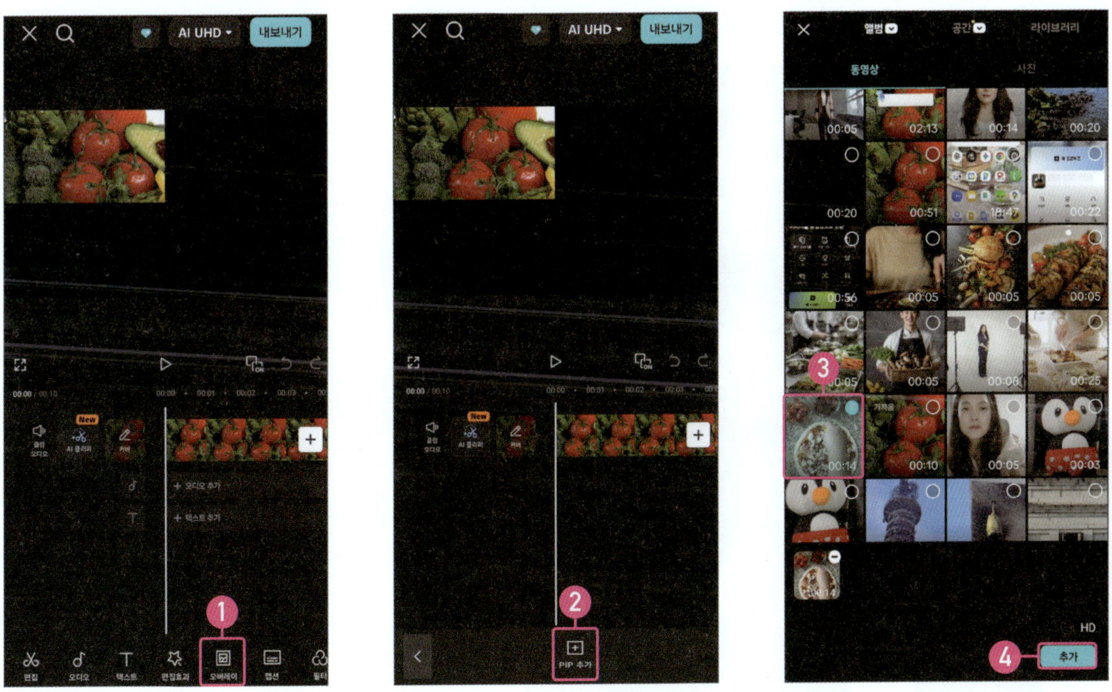

05 도구바를 왼쪽으로 드래그해 [변형 2( )]를 터치합니다. 그리고 [고급( )]을 선택합니다.

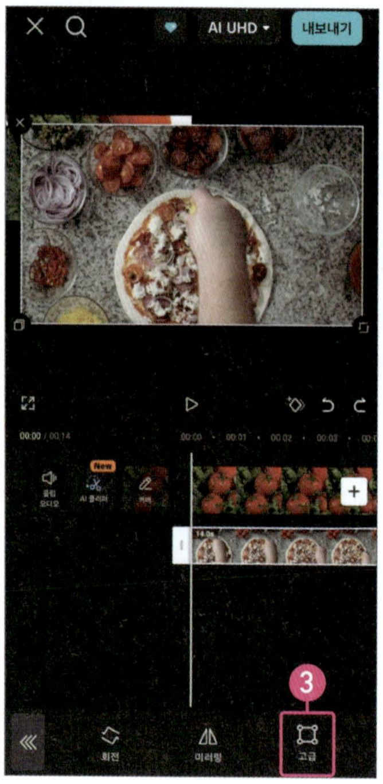

06 [확대/축소] 탭을 선택하고 조절바를 오른쪽으로 드래그해 화면을 '50%'로 축소합니다. [위치] 탭을 터치하고 X축 조절바는 왼쪽으로 드래그하여 '254', Y축 조절바는 오른쪽으로 드래그하여 '-264'로 설정한 후 ✓ 아이콘을 터치합니다.

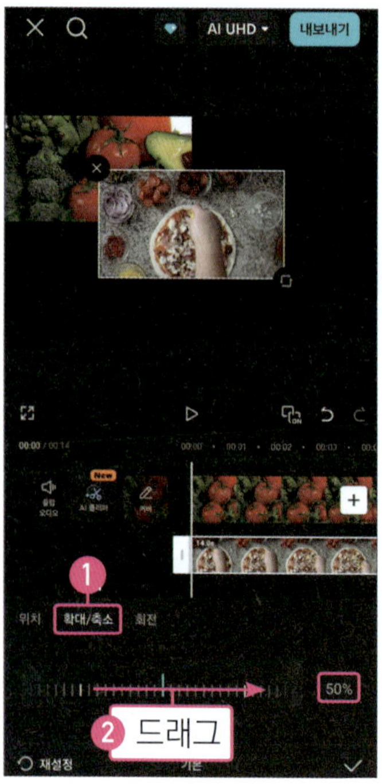

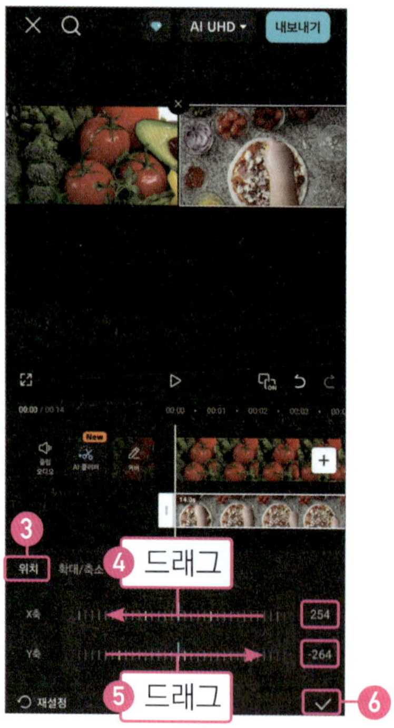

07 왼쪽 끝의 « 버튼을 터치합니다. 도구바를 오른쪽으로 끝까지 드래그한 후 [PIP 추가(⊞)]를 터치합니다. '16:9' 비율의 영상을 선택하고 [추가] 버튼을 터치합니다.

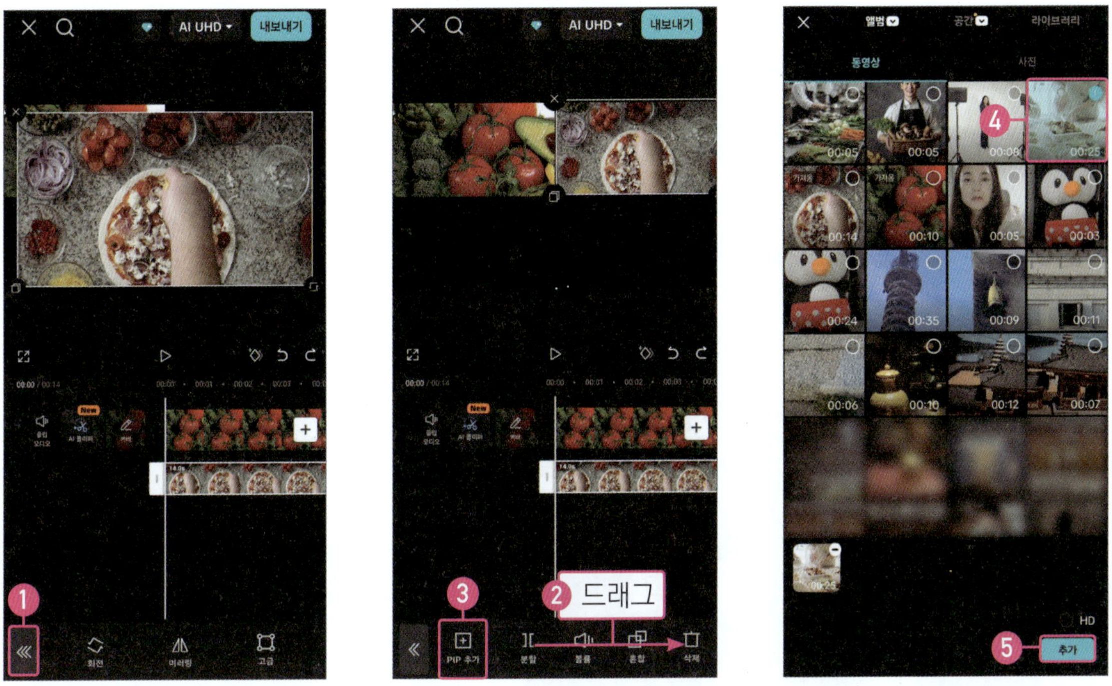

08 도구바를 왼쪽으로 드래그해 [변형 2(⌗)]를 터치합니다. 그리고 [고급(⌗)]을 선택합니다.

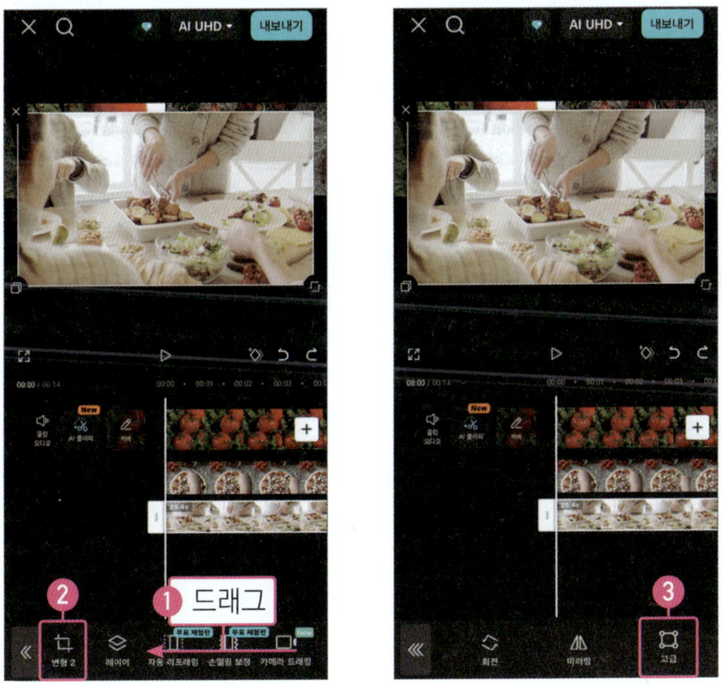

09 [확대/축소] 탭을 선택하고 조절바를 오른쪽으로 드래그해 화면을 '50%'로 축소합니다. [위치] 탭을 터치하고 X축과 Y축 조절바를 왼쪽으로 드래그해 각각 '12', '250'으로 설정한 후 ✓ 아이콘을 터치합니다.

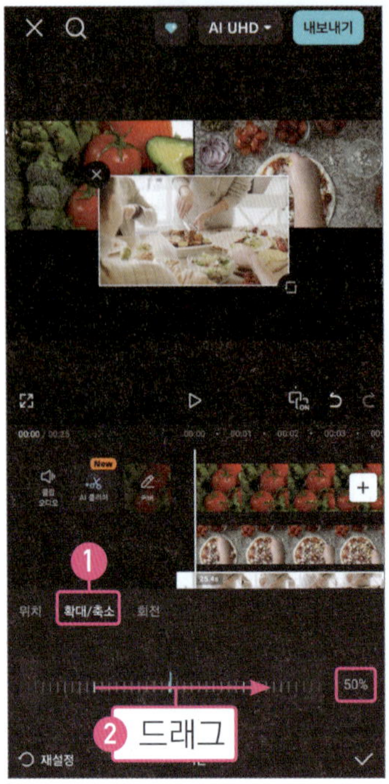

10 한 화면에 세 개의 영상이 배치되었습니다. 화면 분할을 완료하였다면 왼쪽 상단의 ✕ 아이콘을 터치해 프로젝트 화면을 닫아 줍니다.

02 마스크 기능 알아보기

▶ 마스크 적용 후 조정하기

01 '08장 장면전환' 프로젝트를 선택해 불러오고 하단의 [편집(✂)]을 터치합니다.

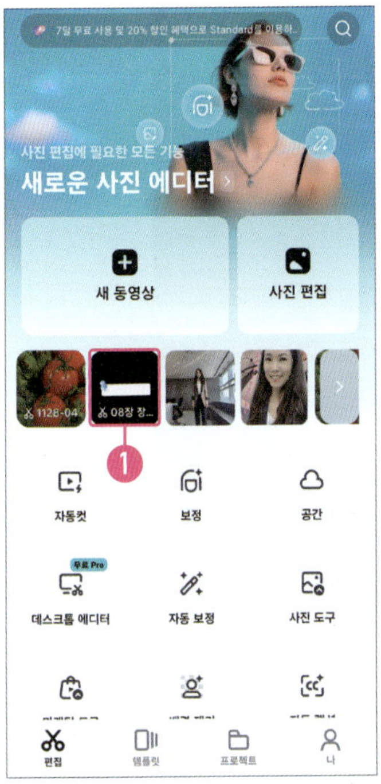

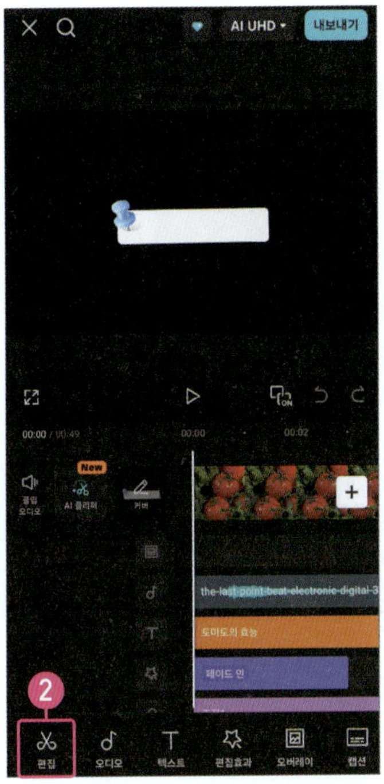

02 도구바를 왼쪽으로 끝까지 드래그하고 [마스크(◎)]를 터치합니다. 마스크는 영상의 특정 부분을 숨기거나 강조하고 싶을 때 사용하는 기능입니다. 세 번째 영상의 시작 부분으로 [재생 헤드]를 드래그하고 [미러링(▤)] 템플릿을 선택합니다.

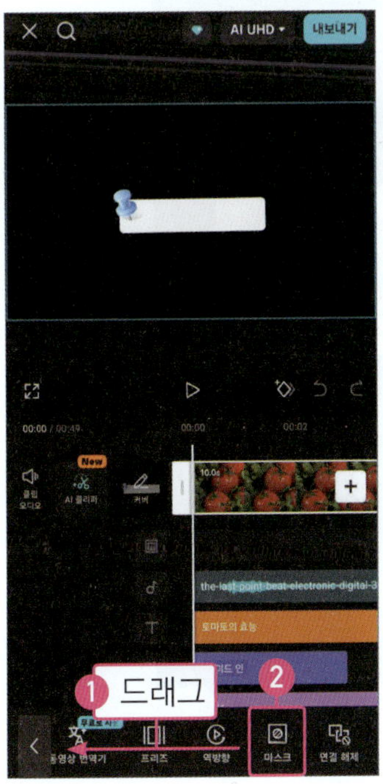

03 템플릿의 [조정( )]을 터치합니다. [위치] 탭에서 X축 **조절바를 오른쪽으로 드래그**해 숫자가 작아질수록 마스크가 왼쪽으로 이동하여 영상의 왼쪽 부분이 보이고, **왼쪽으로 드래그**해 숫자가 커질수록 마스크가 오른쪽으로 이동하여 영상의 오른쪽 부분이 보입니다.

04 이어서 Y축 **조절바를 오른쪽으로 드래그**해 숫자가 작아질수록 마스크가 아래로 이동하여 영상의 아랫부분이 보이고, 반대로 **왼쪽으로 드래그**해 숫자가 커질수록 마스크가 위로 이동하여 영상의 윗부분이 보입니다. **왼쪽 하단의 [재설정( )]을 터치**합니다. 마스크의 모든 조정을 재설정할 것이냐고 묻는 창의 **[확인] 버튼을 터치**합니다.

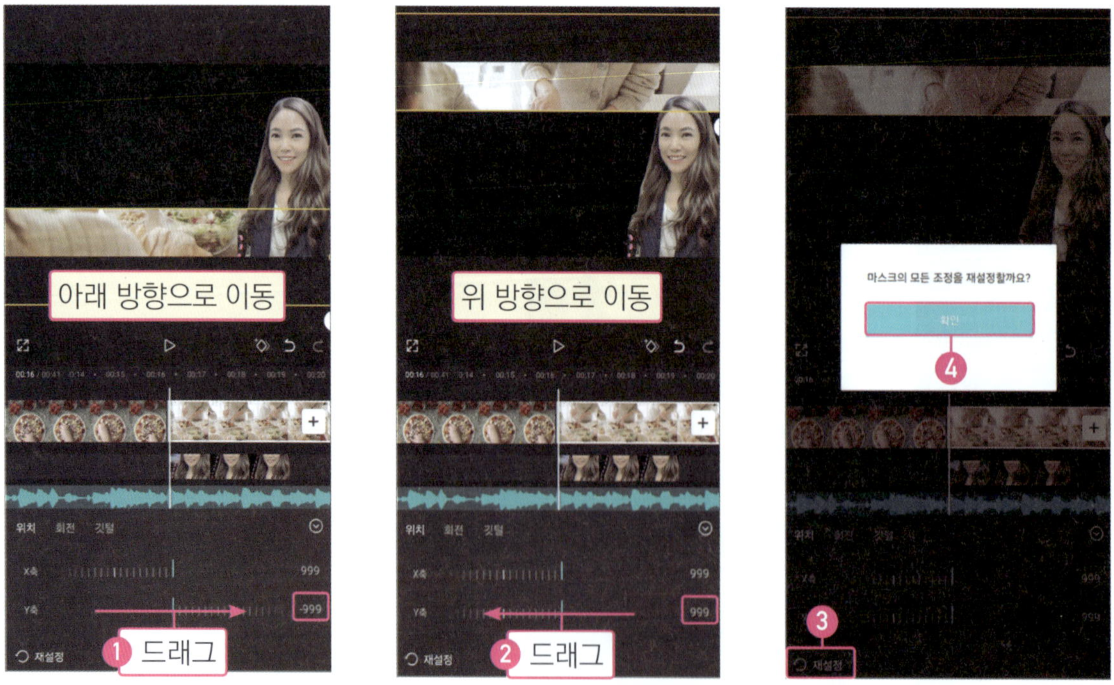

05 [회전] 탭을 터치합니다. 조절바를 오른쪽으로 드래그해 숫자가 작아질수록 마스크가 반시계 방향으로 회전하고, 왼쪽으로 드래그해 숫자가 커질수록 마스크가 시계 방향으로 회전합니다. 왼쪽 하단의 [재설정(◙)]을 터치하고 재설정을 묻는 창의 [확인] 버튼을 터치합니다.

06 이번에는 [깃털] 탭을 터치합니다. 조절바를 오른쪽으로 드래그해 숫자가 커질수록 마스크로 가려진 부분이 투명해집니다. 반대로 조절바를 왼쪽으로 드래그해 숫자가 작아질수록 마스크로 가려진 부분이 불투명해집니다. 왼쪽 하단의 [재설정(◙)]을 터치하고 재설정을 묻는 창의 [확인] 버튼을 터치합니다.

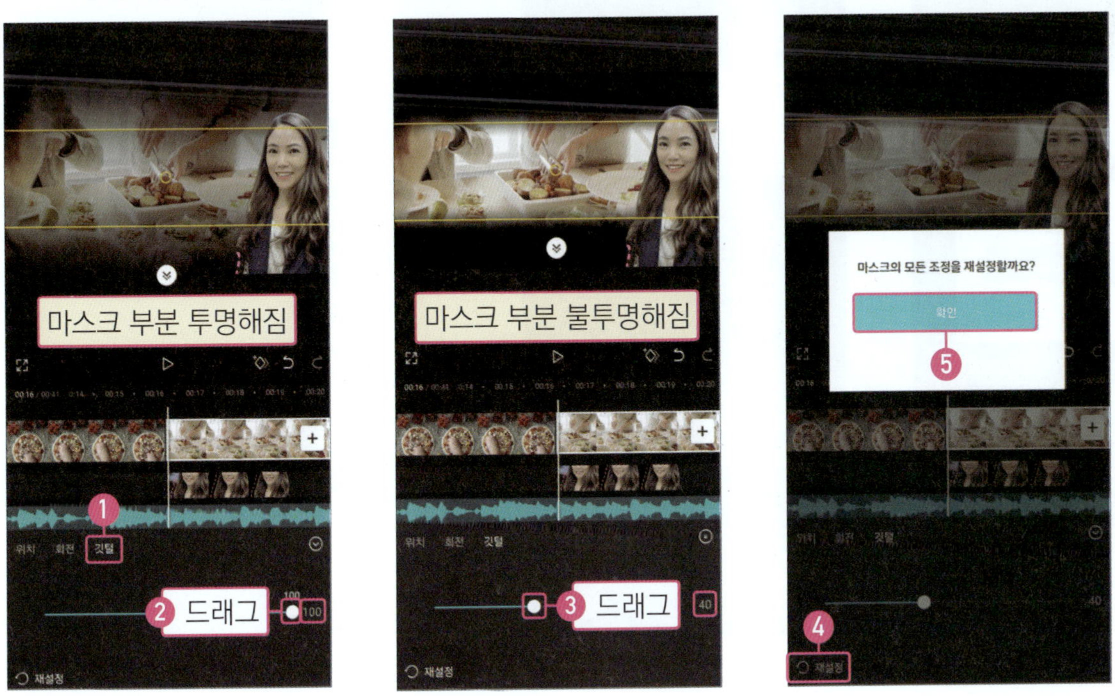

▶ 마스크 범위 설정 및 반전하기

01 미리보기 화면에서 두 손가락으로 노란색 선을 터치한 후 손가락을 안쪽으로 오므리면 마스크의 영역이 줄어듭니다. 반대로 손가락을 바깥쪽으로 벌리면 마스크의 영역이 늘어납니다.

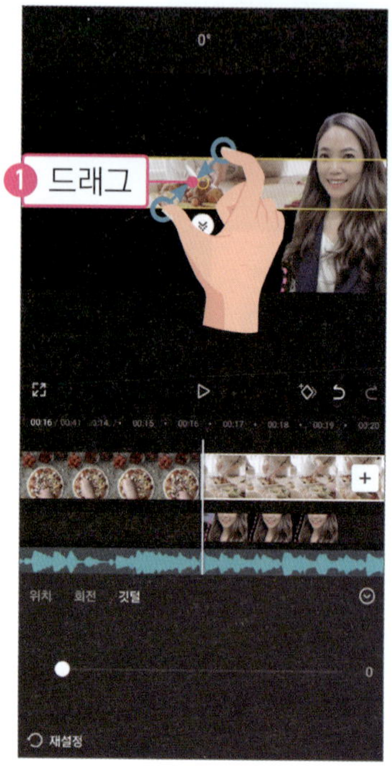

▲ 두 손가락을 오므렸을 때

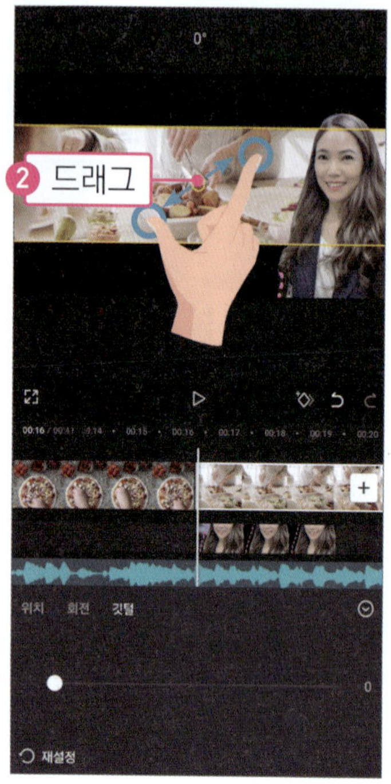

▲ 두 손가락을 벌렸을 때

02 왼쪽 하단의 [재설정( )]을 터치하고 재설정을 묻는 창의 [확인] 버튼을 터치합니다. 그리고 아이콘을 터치합니다.

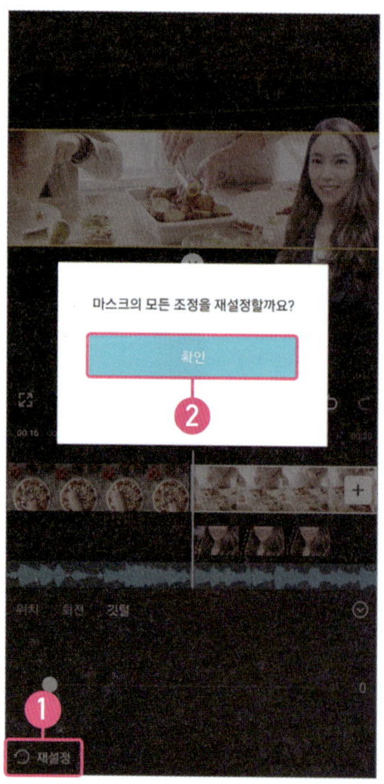

03 마스크 템플릿에 따라 미리보기 화면의 아이콘이 달라지기도 합니다. 예시로 [직사각형(▣)] 템플릿을 선택해 봅니다.

▲ 원 마스크 템플릿일 때

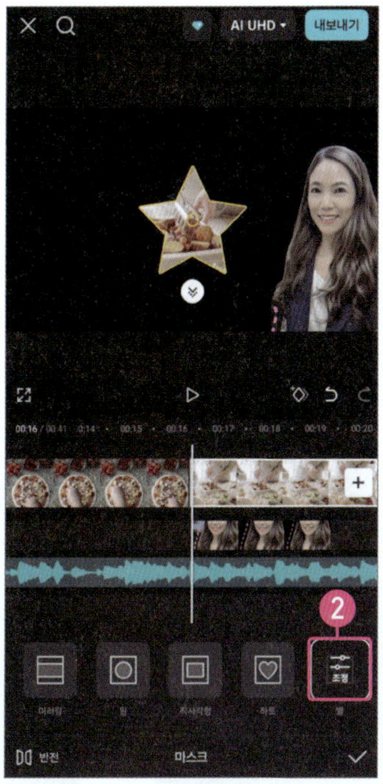

▲ 별 마스크 템플릿일 때

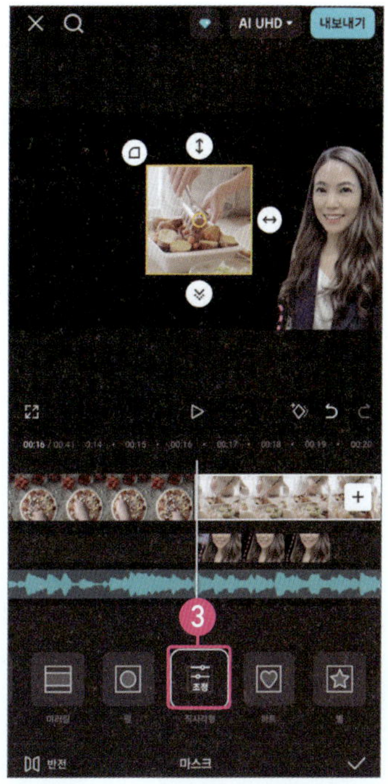

▲ 직사각형 마스크 템플릿일 때

04 ⓐ ▢ 아이콘을 드래그하면 마스크의 모서리를 둥글게 만들 수 있습니다. ⓑ ≫ 아이콘은 마스크의 투명도를 조절합니다. ⓒ ↕ 아이콘은 마스크의 높이를 조절하고, ⓓ ↔ 아이콘은 마스크의 너비를 조절합니다.

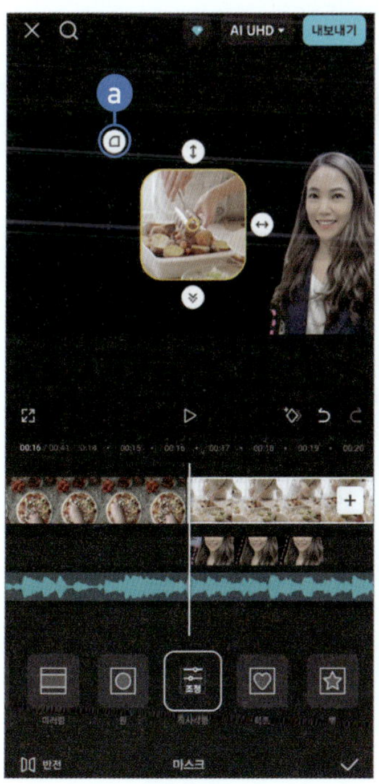

▲ 마스크의 모서리 조절

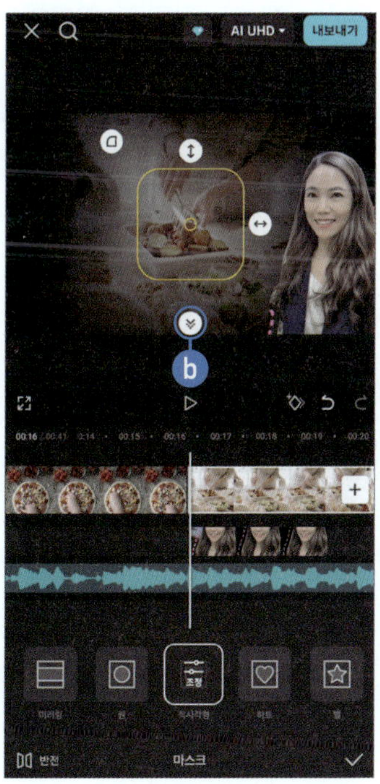

▲ 마스크의 투명도 조절

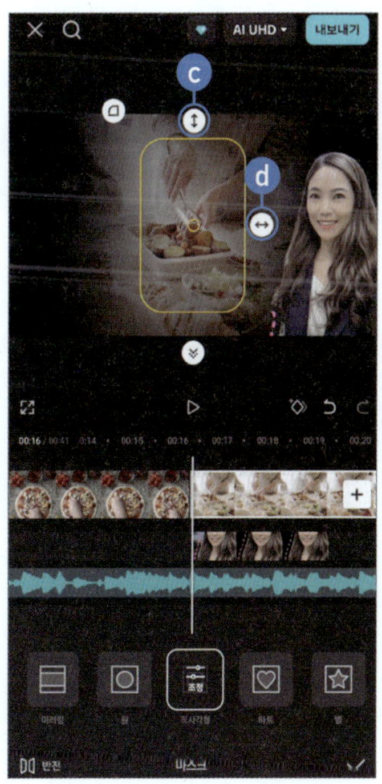

▲ 마스크의 높이와 너비 조절

05 왼쪽 하단의 [반전()]을 터치한 후 마스크의 영역이 반전된 것을 확인합니다. 템플릿을 오른쪽으로 드래그한 후 왼쪽 끝의 [없음()]을 터치하고 왼쪽 상단의 ✕ 아이콘을 터치해 프로젝트 화면을 닫아 줍니다.

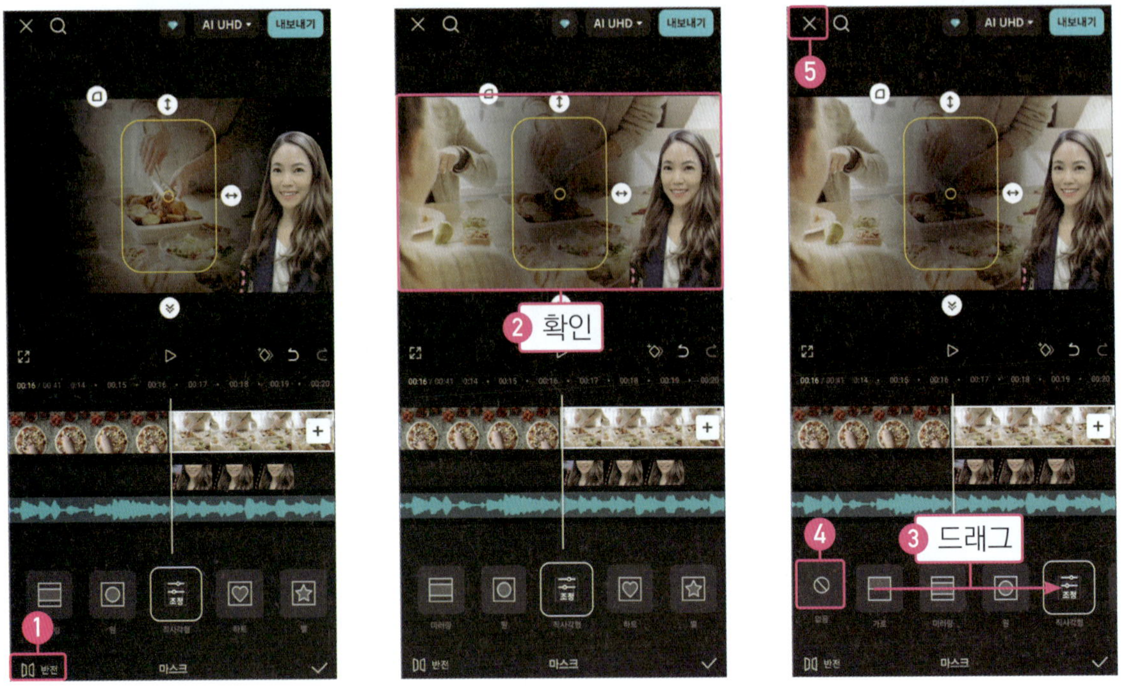

잠깐

마스크 개별 적용하기

한 화면에 두 개의 영상이 있는 경우에도 마스크는 클립마다 개별적으로 적용됩니다. 오버레이로 불러온 클립을 터치하고 도구바를 왼쪽으로 드래그해 [마스크()]를 터치합니다. [원()] 템플릿을 선택하고 템플릿의 [조정()]을 터치하면 '위치', '크기', '회전', '깃털'을 설정할 수 있습니다.

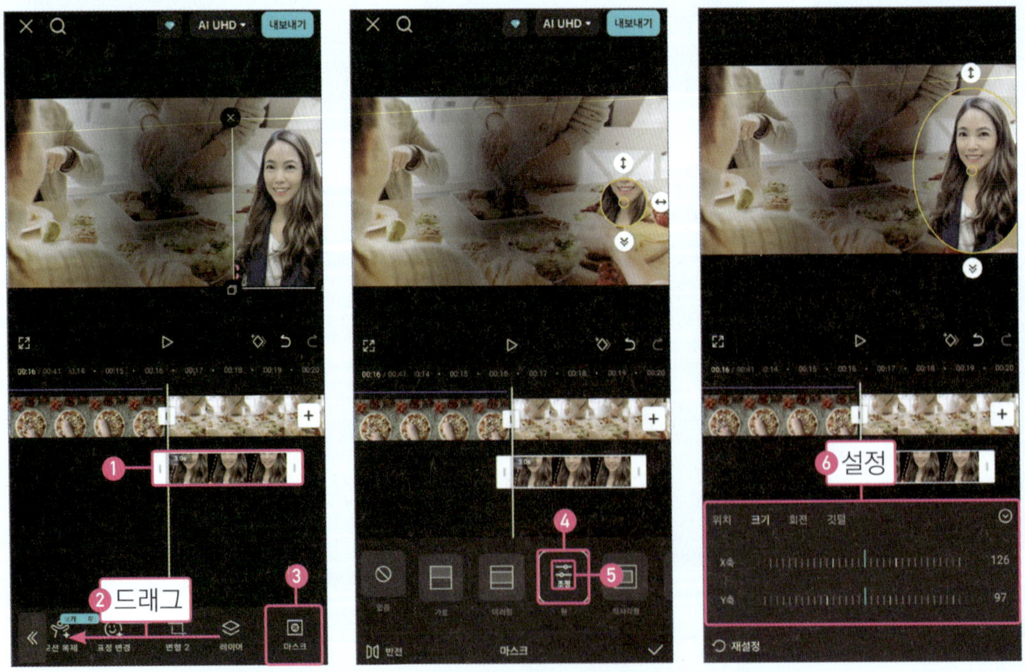

응용력 키우기

01 새 프로젝트로 배경이 있는 영상을 하나 불러오고 하단의 [오버레이()]-[PIP 추가()]를 터치하여 자기소개 영상을 불러옵니다. [배경 제거()]-[자동 삭제()]로 배경을 제거하여 영상을 합성해 봅니다.

02 이어서 왼쪽 끝의 버튼을 터치하여 [마스크()]-[원()] 템플릿을 선택합니다. 그리고 미리보기 화면에서 '크기'와 '투명도'를 조절해 그림과 같이 마스크를 적용해 봅니다.

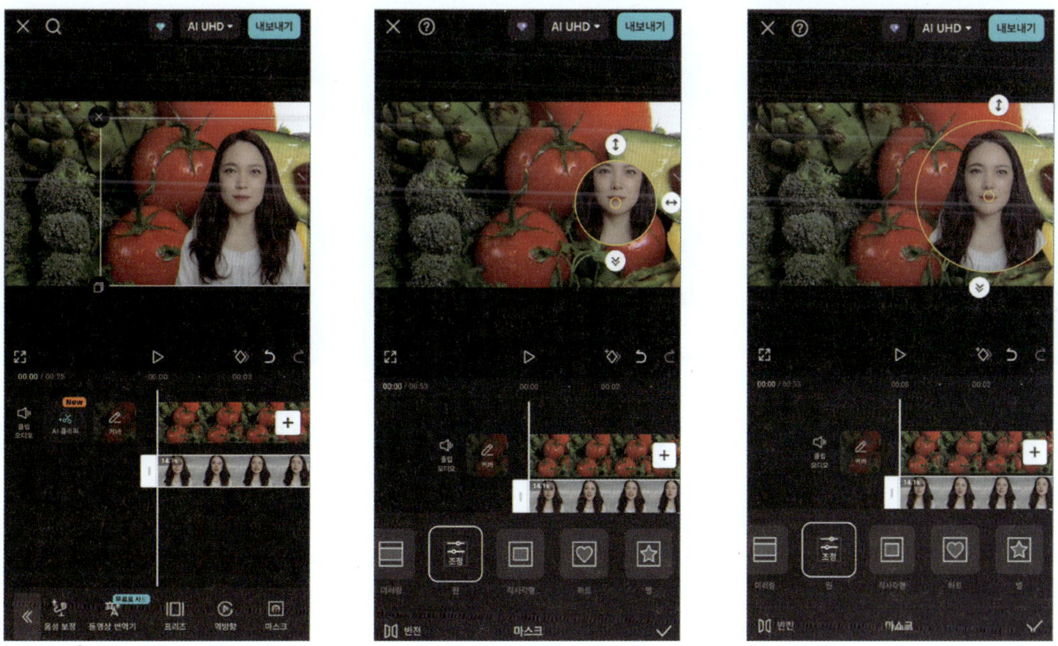

힌트 마스크의 '크기'는 와 아이콘으로, '투명도'는 아이콘으로 조절할 수 있습니다.

10 유튜브에 영상 업로드하기

- 프로젝트 해상도 설정하기
- 프로젝트 내보내기
- 유튜브에 영상 업로드하기
- 세부 정보 추가하기
- 업로드한 영상 확인하기

미/리/보/기

이번 장에서는 캡컷에서 편집한 영상을 원하는 해상도로 내보내고, 직접 유튜브에 업로드하는 방법을 알아보겠습니다. 업로드한 영상을 확인하는 과정까지 차근차근 따라 하며 내 손으로 만든 영상이 세상에 공개되는 즐거움을 경험해 봅니다.

01 프로젝트 해상도 설정하고 내보내기

01 유튜브에 업로드할 프로젝트를 선택하여 불러온 후 **오른쪽 상단의 [AI UHD] 버튼을 터치**합니다. **[동영상] 탭에서 'AI 울트라 HD'를 터치**하여 비활성화합니다. 해상도가 1080p인 상태에서 **오른쪽 상단의 [내보내기] 버튼을 터치**합니다.

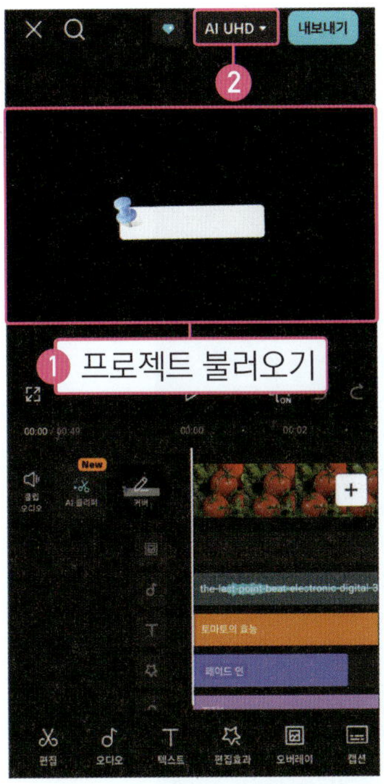

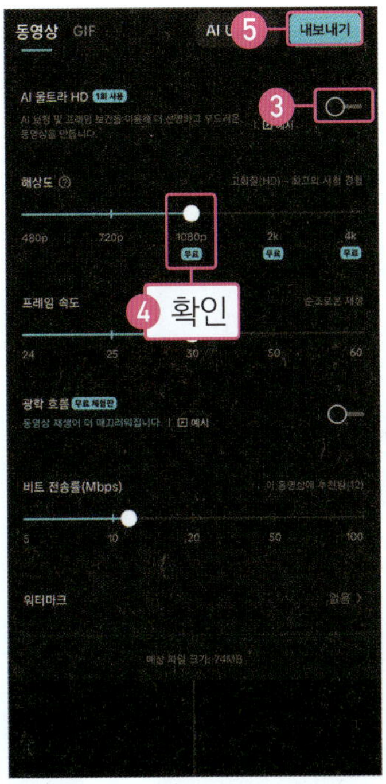

잠깐

만약 1080p 이상의 해상도로 내보내기 할 수 있는 횟수를 모두 사용했다면, 해상도를 720p로 낮춘 후에 내보내기 합니다. 프레임 속도는 초당 화면이 바뀌는 횟수를 의미하며, 값이 높을수록 영상이 더 부드럽게 재생됩니다.

02 내보내는 작업이 100% 완료되면 **오른쪽 상단의 [완료]를 터치**합니다. **[갤러리(❀)] 앱을 실행**하면 내보내기 한 영상을 확인할 수 있습니다.

02 유튜브에 영상 업로드한 후 확인하기

▶ 내 채널에 영상 업로드하기

01 [YouTube( )] 앱을 실행합니다. 하단의 ⊕ 버튼을 터치합니다. 이어서 [동영상] 탭을 선택합니다.

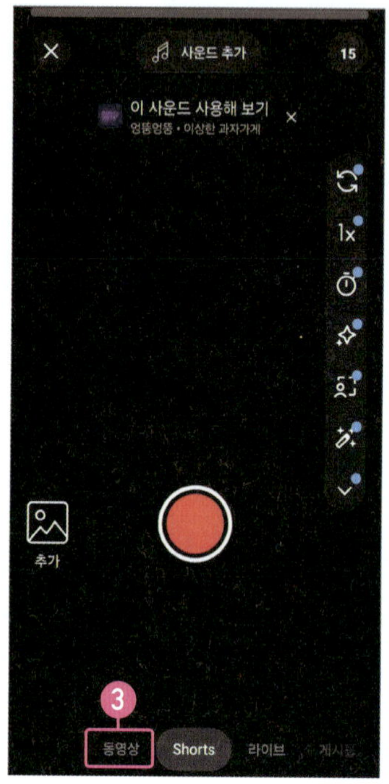

02 기기의 사진과 동영상에 액세스하도록 허용하겠냐는 창의 [모두 허용]을 터치합니다. 업로드할 영상을 선택합니다. 오른쪽 하단의 [다음] 버튼을 터치합니다.

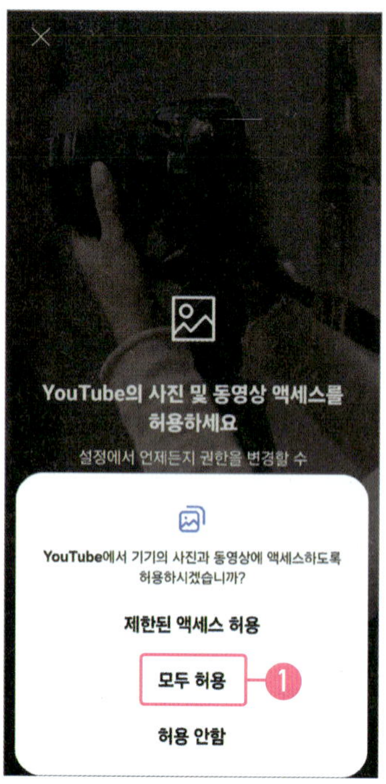

▸ 세부 정보 추가하기

01 '세부정보 추가' 화면이 나타나면 제목 입력란을 터치합니다. 영상의 제목을 입력한 후 화면을 터치합니다.

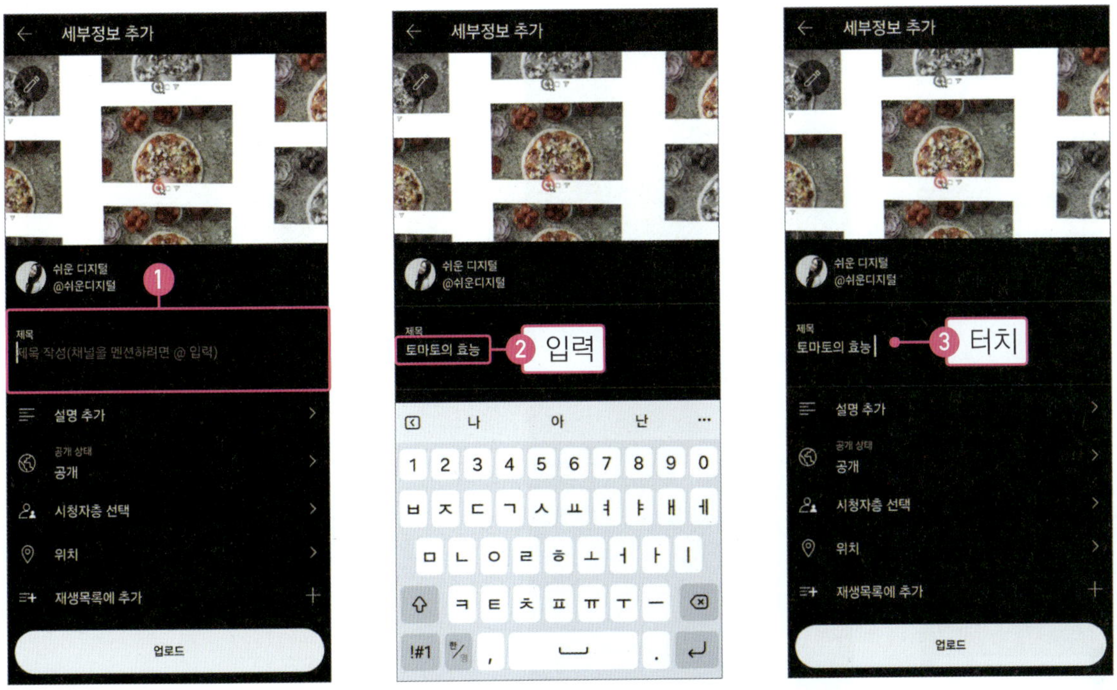

02 [설명 추가(▤)]를 터치합니다. 영상과 관련된 부가 설명을 입력한 후 왼쪽 상단의 ← 아이콘을 터치합니다. 설명이 입력된 것을 확인합니다.

03 [공개 상태(🌐)]를 터치합니다. 공개 상태의 종류로는 모든 사용자가 검색해 시청할 수 있는 '공개', 채널 회원만 볼 수 있는 '회원 전용', 링크가 있는 사람만 볼 수 있는 '일부 공개', 선택한 사용자만 볼 수 있는 '비공개'가 있습니다. **'비공개'를 선택한 후 왼쪽 상단의 ← 아이콘을 터치합니다.**

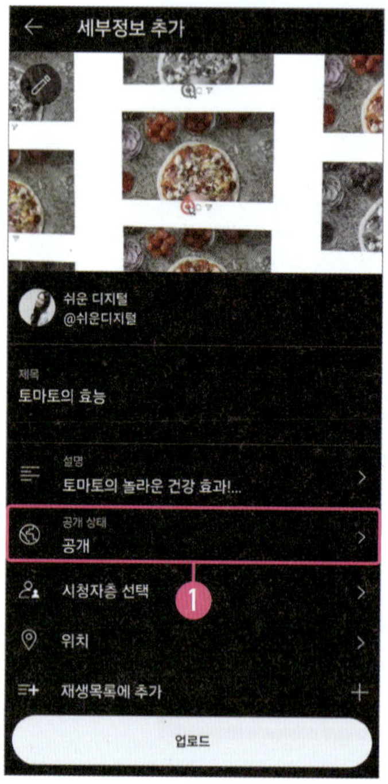

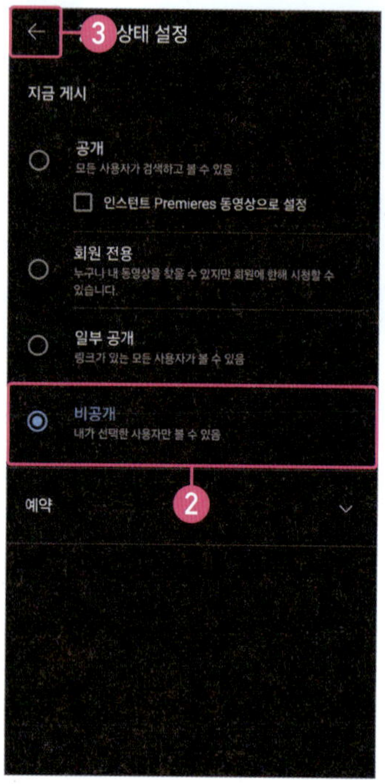

잠깐

영상 예약 업로드하기

[예약 ∨]을 터치하면 영상을 업로드할 날짜와 시간을 설정할 수 있습니다. 예약한 날짜가 되면 영상이 자동으로 업로드됩니다.

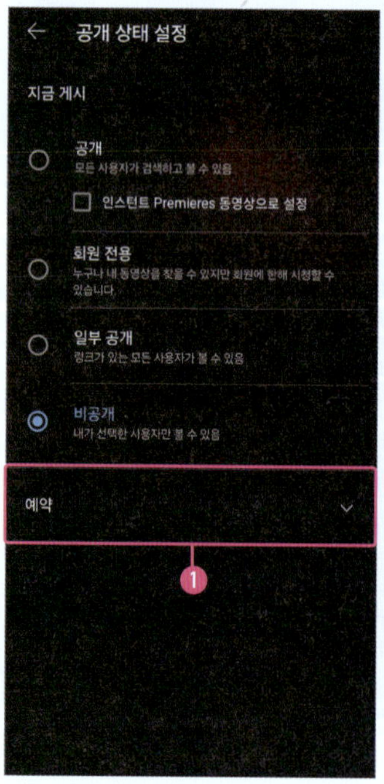

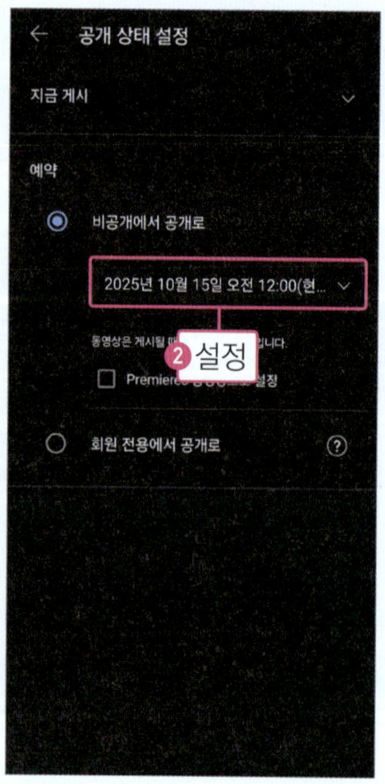

04 [시청자층 선택(👤)]을 터치합니다. '시청자층 선택' 화면에서 '아니요, 아동용이 아닙니다.'를 선택하고 왼쪽 상단의 ← 아이콘을 터치합니다.

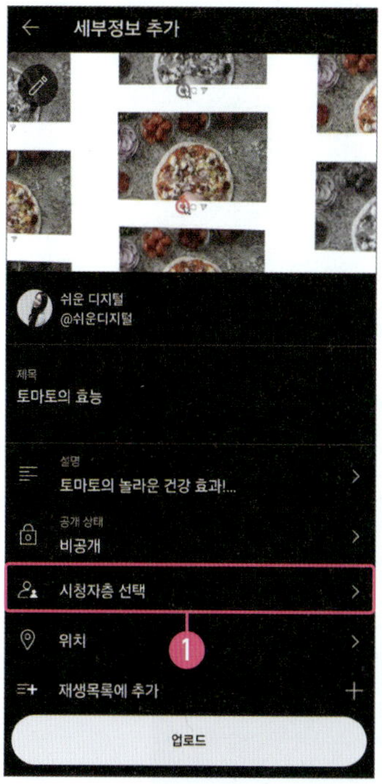

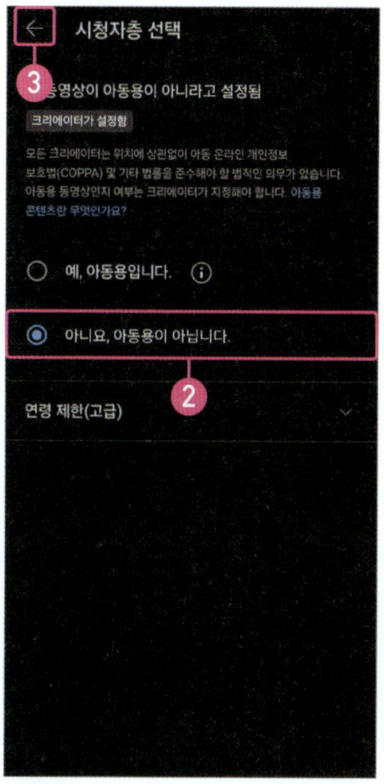

잠깐

아동용 영상은 아동을 대상으로 하거나 아동 관련 주제를 다룰 때만 선택하고, 연령 제한은 만 18세 이상만 시청할 수 있는 콘텐츠일 경우에 선택합니다. 이러한 영상은 광고 수익이 제한될 수 있습니다.

05 마지막으로 영상의 섬네일을 설정하기 위해 왼쪽 상단의 ✎ 아이콘을 터치합니다. 섬네일의 권장 규격은 '1280×720px'입니다. 갤러리에 있는 사진 중 시선을 사로잡을 수 있는 사진을 선택합니다. 오른쪽 상단의 [완료] 버튼을 터치하면 섬네일이 등록됩니다.

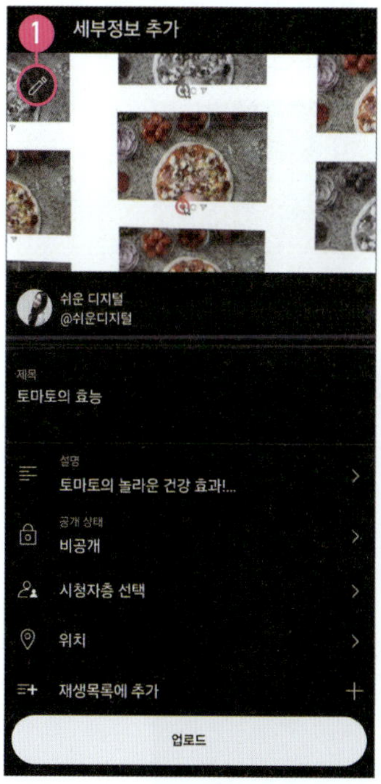

잠깐

섬네일로 사용할 이미지를 선택하지 않으면, 영상의 일부 장면이 섬네일로 자동 설정됩니다.

▸ 업로드한 영상 확인하기

01 하단의 [업로드] 버튼을 터치합니다. '내 채널에 업로드됨'이라는 창이 나타나면 상단의 [동영상] 탭을 터치하고 방금 전 업로드한 영상을 선택하여 시청해 봅니다.

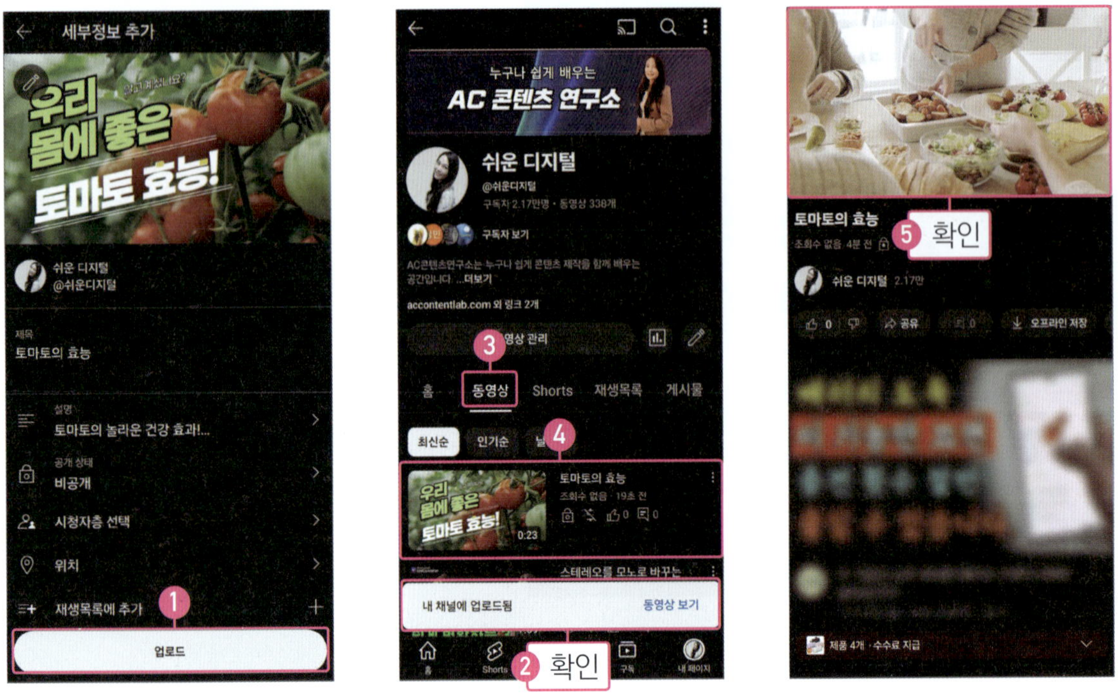

02 업로드한 영상의 세부 정보를 수정하고 싶다면 영상의 ⋮ 아이콘을 터치합니다. [수정(✎)]을 선택합니다. 세부 정보를 수정한 후 오른쪽 상단의 [저장]을 터치하면 수정이 완료됩니다. 이러한 과정을 통해 자신이 제작한 영상을 세상에 공개하는 즐거움을 경험해 봅니다.

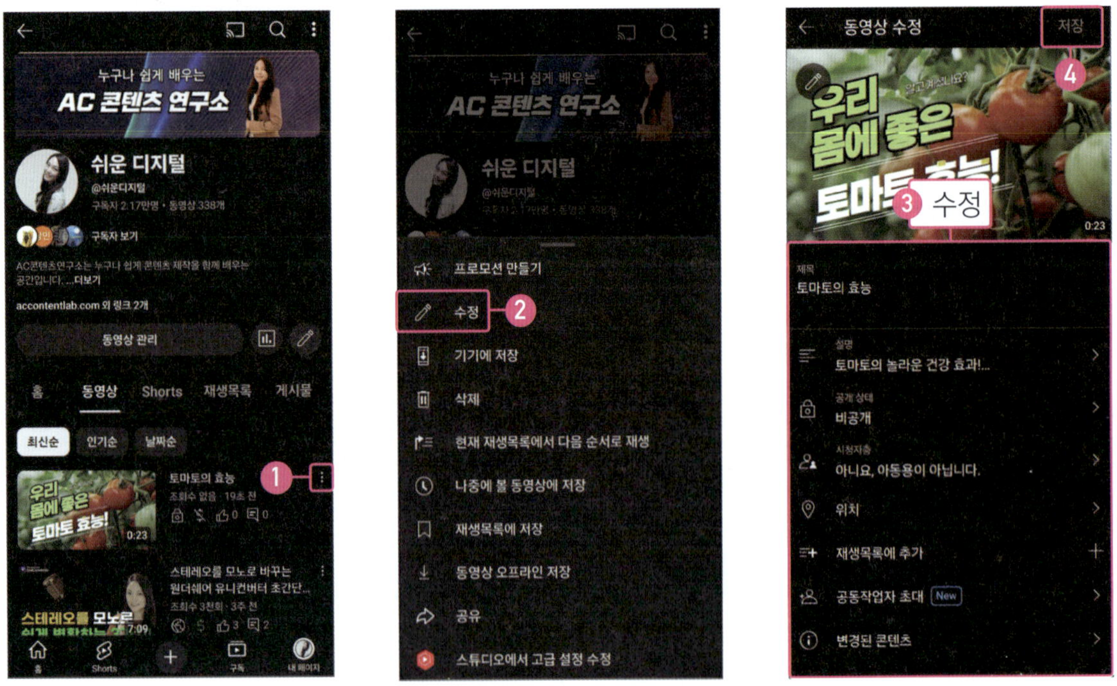

응용력 키우기

01 캡컷에서 편집한 프로젝트를 하나 불러와 'AI 울트라 HD'는 비활성화, 해상도는 '720p', 프레임 속도는 '50'으로 설정한후 내보내기 해 봅니다.

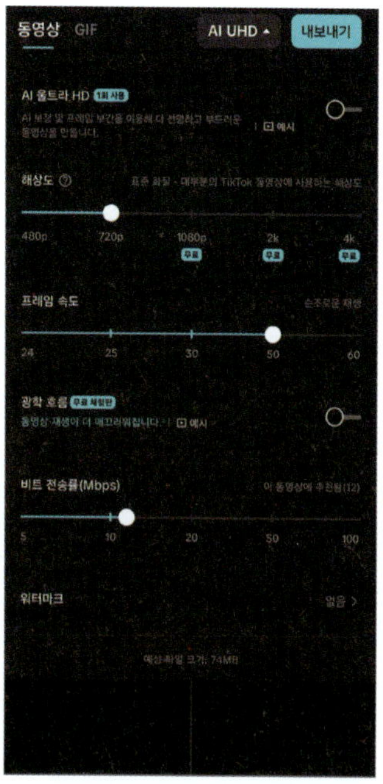

02 [YouTube( )] 앱을 실행해 문제 **01**에서 내보내기한 영상을 내 채널에 업로드해 봅니다.

할 수 있다!

캡컷으로 영상 편집하기 New

초판발행 2026년 01월 06일

발행인 박영일
책임편집 이해욱
저자 오복실

편집진행 정민아
표지디자인 김도연
편집디자인 김지현

발행처 시대인
공급처 (주)시대고시기획
출판등록 제 10-1521호
주소 서울시 마포구 큰우물로 75 [도화동 538 성지 B/D] 9F
전화 1600-3600
홈페이지 www.sdedu.co.kr

ISBN 979-11-434-0706-1(13000)
정가 12,000원

시대인은 종합교육그룹 (주)시대고시기획 · 시대교육의 단행본 브랜드입니다.